中国工运史料丛书
005

第四次全国劳动大会史料汇编

中国工运历史研究出版中心
全总工会理论和劳动关系智库基地（文献资料中心）◎编

中国工人出版社

图书在版编目（CIP）数据

第四次全国劳动大会史料汇编 / 中国工运历史研究出版中心，全总工会理论和劳动关系智库基地（文献资料中心）编. —北京：中国工人出版社，2023.8
ISBN 978-7-5008-8217-6

Ⅰ. ①第… Ⅱ. ①中… ②全… Ⅲ. ①中华全国总工会—代表会议—史料 Ⅳ. ①D412.3

中国国家版本馆CIP数据核字（2023）第160777号

第四次全国劳动大会史料汇编

出 版 人 董 宽
责任编辑 蒋佩轩 李若昕
责任校对 张 彦
责任印制 栾征宇
出版发行 中国工人出版社
地　　址 北京市东城区鼓楼外大街45号 邮编：100120
网　　址 http://www.wp-china.com
电　　话 （010）62005043（总编室）
（010）62005039（印制管理中心）
发行热线 （010）82029051 62383056
经　　销 各地书店
印　　刷 三河市东方印刷有限公司
开　　本 880毫米×1230毫米 1/32
印　　张 7.5
字　　数 162千字
版　　次 2023年12月第1版 2023年12月第1次印刷
定　　价 56.00元

编辑出版说明

中国工人运动史料是中国共产党红色资源的重要组成部分，也是中国工运独具特色的精神财富，具有重要的研究和借鉴价值。2021年，中国工人出版社启动“工藏：中国工运史料文库”融合出版项目，倾力挖掘、搜集和整理中国工运历史资料，并将在2025年中华全国总工会成立100周年之际，同步推出史料文集、线上平台和数据库等不同形态的成果。先期出版的中国工运史料丛书，专题汇编较为重要的中国工运史料，是这一融合出版项目推进过程中的阶段性成果。

首批推出的中国工运史料丛书共7卷，分别为《历次全国劳动大会文献汇编》、《第一次全国劳动大会史料汇编》、《第二次全国劳动大会史料汇编》、《第三次全国劳动大会史料汇编》、《第四次全国劳动大会史料汇编》、《第五次全国劳动大会史料汇编》和《第六次全国劳动大会史料汇编》。以这样大的规模完整推出新民主主义革命时期历次全国劳动大会的文献和史料，在中国工会历史上还是第一次。编辑出版过程中，一方面补充了过去未曾收集到的大会文献，另一方面收录了文电文稿、报刊报道和亲历者回忆等珍贵史料，并且逐一进行溯源考证，让这一出版成果更具历史价值。

此次出版的全国劳动大会史料汇编，除《历次全国劳动大会文献汇编》外，其他 6 卷在体例上统一分为“大会文献”、“文电文稿”、“报刊报道”和“附录”四部分。“大会文献”包括历次全国劳动大会发布的正式文件，包括中国共产党给大会的贺信、会议开幕词、报告、决议、章程、选举结果、闭幕词、宣言等。“文电文稿”包括与历次全国劳动大会有关的文电和文章，即以大会名义或中华全国总工会、中国共产主义青年团等其他团体所发电文，以及工运领袖对大会的综述等。“报刊报道”包括当时各报刊对大会相关动态的报道和评论。“附录”在汇编会议历史背景资料的同时，也收录了部分大会亲历者的回忆文稿。

最大限度地保存历史原貌，这是中国工运史料丛书的编纂原则。各类文字严格限定原始资料，并尽可能追溯最早文本，部分资料依照最新权威版本做了订正；回忆文章严格限定亲历、亲闻、亲见，不用后人编纂的文章；对原始资料文本逐字逐句考证，除改正明显错字、错排内容外，均保留原文，包括当时的混用字；原文有漏字或空白处，只要不产生阅读歧义，均不做推测、填补，以“□”代之。需要读者注意的是，在当时的历史条件下，有些话题的表述与今天或有不同；有些名称、数据亦不统一，为保存史料原貌，我们在编辑过程中未做修改，均保留原样。

历史资料浩如烟海，很难尽善尽美。如若发现编纂错讹或有新的史料补充，竭诚期待告知编者（grcbsgz@126.com），以便今后修订增补。

《第四次全国劳动大会史料汇编》

主　　编

张　刃

副 主 编

蒋佩轩

学术编辑

李　丹　李若昕　王功彬　牛俊锋

数字编辑

吴　倩

目　录

大会文献

文电文稿

报刊报道

附 录

大会文献

中国共产党致第四次全国劳动大会的信*

第四次全国劳动大会代表亲爱的同志们：

自“二七”以来，中国工人阶级和本党携手奋斗，已经四年多了，这四年当中，中国工人阶级和本党同志为革命奋斗而为帝国主义军阀及大资产阶级的代表所屠杀者，遍于全中国南北各省，积尸可以成山。尤其是最近封建资产阶级的代表新军阀蒋介石及其党徒白崇禧、李济琛、夏斗寅、许克祥等在南方之屠杀，旧军阀张作霖、张宗昌在北方之屠杀，更为残酷。本党李大钊等同志们在北京之死难，汪寿华等同志们在上海之死难，邓培、李森、刘尔崧等同志们在广州之死难，杨昭植等同志们在湖南之死难，其惨烈当为中国工人阶级及本党永远不忘之事。

中国革命青年愈向前进展，帝国主义愈惊恐发狂地教唆其走狗向中国革命的工人阶级及本党横施屠杀；帝国主义愈惊恐发狂，教唆其走狗之范围愈扩大，不独旧军阀受其教唆，即曾经投机混入革命之新军阀及一切游疑中立分子，亦受其教唆，转过头来，戴着革命的假面具，向工人阶级及本党毫无顾忌的摧残。

工友同志们！现在和革命势力不相容的，不只是帝国主义及其老走狗张作霖，也不只是帝国主义的新走狗蒋介石，凡是被革命高潮所吓退而接受帝国主义教唆的人，都会自觉的或不自觉地走到反革命那边去；所以中国革命成功的担保，即中国民族脱离帝

* 本文原载一九二七年七月八日出版的《向导》周报第二百期。

国主义之压迫剥削而解放的担保，乃是工人阶级及本党同志的血。

现当革命的高潮中，反革命的恶潮亦日益增涨，造成中国革命运动之一大危机，革命的工人阶级正在此危机中召集第四次全国劳动大会，这是有非常严重意义的。

工友同志们！我们在第四次大会时的力量固然比前几次大会时的力量增加了，但是敌人的力量也同时增加了；因为帝国主义的走狗不但是老军阀，现在又加上了大资产阶级及大地主的代表新军阀。我们今后向他们作战的力量，不但要集中工人阶级自己的势力，而且要领导农民阶级和小资产阶级，以结成工农小资产阶级的革命联盟，向共同的敌人作战。因为农民阶级、小资产阶级和工人阶级同样是受帝国主义新旧军阀及大资产阶级之压迫者，这三个阶级都是中国革命的势力。所以此次大会之中心口号应该是“工农小资产阶级的革命联盟。”

工友同志们！今后革命的争斗将愈加艰难困苦，我们须愈加努力。本党庆祝大会之成功，同是预祝大会后全国工友们和本党携着手奋斗到底，以获得我们的最后胜利！

第四次全国劳动大会万岁！

全中国工人阶级团结万岁！

工农小资产阶级的革命联盟万岁！

中国国民革命万岁！

世界革命万岁！

中国共产党中央委员会

一九二七年六月二十七日

（依照中央文献出版社 2011 年《建党以来重要文献选编》第四册订正）

开幕词（要点）

李立三

此次大会意义，约有四点。

（一）自蒋介石叛变、大资产阶级脱离革命战线后，革命到了一个新的时期。此时期大资产阶级想消灭革命势力，以成为大资产阶级的革命。我们为着保障革命，应该更努力扩大我们的组织，强固我们的组织。

（二）我们要团结我们的同盟军小资产阶级与农人，要团结小资产阶级与农人，必须注意彼此的利益。

（三）在国民政府统治外，农工被屠杀者，不知凡几。就是湖南，亦有许多被害的。我们对此应一致反抗，并要求国民政府立刻实行其农工政策。

（四）实现农工政策，不是工人能单独做到的。现在农民已起来，我们应联合农民，方能实现农工政策。联合农民，便要拥护农民，打倒封建制度的基础，解决农民土地问题，因为这是农民的迫切要求云云。

（北京《晨报》，1927年6月30日，第二版）

全国总工会会务报告*（摘要）

刘少奇

一、全国总工会一年来的概况

（一）全国总工会的政治地位和社会地位。

第三次劳动大会以后，北伐军由广州进军到汉口，又由武汉进军到郑州。在这个期间工人运动日益扩大，有组织的工人由一百二十万增加到二百九十万，全国总工会在政治上、社会上的地位亦随之大为提高。这是全国总工会全部工作的成果。可是，全国工人对全国总工会的信仰究竟是怎样的？全国总工会是否是具有威信的、享有众望的机关呢？只要从二月二十八日全国各地所举行的一小时总罢工的结果来看，就可以知道，全国总工会确实已经是有威信的、受工人群众信任的机关。

（二）全国总工会的工作和北迁。

全国总工会的三十五名执行委员，都是各地工会的主要活动人物，大部分都在各地工作；全国总工会的九名常务委员也都分散在各地，不能专门从事全国总工会的工作。因此，全国总工会的工作时断时续，成绩不甚显著。今年一月以来，革命

* 本文译自日文一九二九年十一月出版的满铁调查资料第一百零九编《中国无产阶级运动史》。

势力得到了发展，武汉变成了革命的新根据地，也成为全国革命的中心。全国总工会为了便于领导全国工人运动，由广州迁来汉口。从此，中国工人运动展开了一个新的局面，全国总工会的工作从广东、广西发展到北方及上海、长江流域，日益成为全国工人的领导核心。

（三）全国工人运动的集中统一问题。

过去，全国总工会未能完全统一全国工人运动的原因，是没有专职的负责人。委员长苏兆征同志在广东担任了七个工会的委员长，不能倾全力于全国总工会的工作。组织部长李立三同志由广东移往上海，经过很长的时间才来到汉口。宣传部长邓中夏同志最近来到汉口，而且还忙于许多其他工作。本人担任秘书长职务来汉口亦不久，并且尚在处理湖北总工会的重要工作。就是这样，几乎没有人经常在全国总工会做工作。（中间省略）这就是常务委员会的真实情况。其他委员亦都在各地工作，全国总工会的工作自然不能统一起来，以致表现出不活跃的现象。

但是，全国工人运动并不是没有统一的可能。二七事件以前，全国总工会尚未成立，只有一个劳动组合书记部，但是当时的工人运动在劳动组合书记部的指导下非常集中统一。因此，现在全国工人运动没有理由说不能统一集中在全国总工会领导之下。总而言之，中国工人运动的集中统一，不是不可能的。

其次，第二个原因是交通不便。有的地方通信就需要一两个月。于是，全国总工会也就几乎没有办法领导这些地方的工作。

第三个原因是由于工作人员都担负各地的重要工作，全国总工会不能随时派出适当的工作人员。因此，即使某些地方缺少工作人员，总工会亦不能立即派人去补充。

第四个原因是中国各地的政治环境不同，在这个地方工会是公开的，而在那个地方则是秘密的；在今天虽是公开的，而到明天便又突然变成秘密的，这就使工作甚为困难。因此，全国总工会不能很好的巩固，而各地方总工会却是巩固的。这种情况，固然是由于交通和政治环境而造成的，但也与全国总工会的执行委员会的能力不足有关。希望第四次劳动大会能选出优秀的同志，加强全国总工会，集中统一领导全国的工人运动。

二、执行委员会及常务委员会的工作情况

（一）执行委员会的情况：

执行委员会共三十五人，召开过四次会议，议案六十余件，有关组织教育、宣传方面的决议甚多，在政治上发表了许多主张。比如当北伐时，各方面的人们都想假借北伐，限制工人的自由，要工人牺牲自己的利益，要求停止一切罢工的行动；这时，全国总工会发表了一个宣言，不仅反对因北伐而牺牲工人的利益，并且要求在北伐中使工人获得更多的利益，同时还宣布全国工人要参加并支持北伐。这个宣言发表后，各方面的舆论为之一变，工人全力支持这个宣言的主张。因此，在这个期间工人没有牺牲自己的一点利益，可以说，这是全国总工会的一个重要的功绩。

在反对帝国主义上，全国总工会在广东或在汉口，都屡次的揭破帝国主义的阴谋诡计，领导工人打击帝国主义，使帝国主义日趋崩溃。

（二）常务委员会的情况：

委员九人，开会三十余次，议案二百余件。

（三）执委扩大会议：

全国总工会迁到汉口以后，召开了一次执委扩大会议，除执行委员以外，有各地代表五十余人参加会议。在一个星期的会议过程中，通过决议案三十余件；其中重要的决议案有全国工人阶级当前的行动纲领及举行一小时的全国总罢工等。

（甲）全国工人阶级当前的行动纲领是为了满足全国工人的要求，为统一全国工人阶级的行动和要求而决定的。

（乙）举行一小时的全国总罢工的决议，是为了反对英帝国主义的出兵而发动的。参加罢工者全国有七个省、二百余万工人。湖南、湖北、广东的成绩最好，罢工的时间不长也不短，整是一个小时；在罢工时间里，全市寂然无人，使人敬慕。这表明了全国工人阶级很好的服从全国总工会的命令，吓破了帝国主义的狗胆。这也表明，全国工人阶级都是反对帝国主义出兵的，决不是寥寥少数人的行动。这就使得帝国主义不敢以武力来干涉我们。

三、各地办事处的工作

过去本会在广东时，只在上海及汉口设有办事处。以后本会迁来汉口，在广东设了办事处。

（一）上海：

上海办事处与上海总工会在工作上经常保持密切的联系，尤其是在五卅运动纪念的时候联系的最好。因此，上海总工会的组织特别好，力量也有很大发展，以致能够在今年举行了两次总罢工、三次武装起义，以工人阶级自己的力量打倒了奉鲁军阀。

（二）广州：

广州办事处的工作范围是广东、广西、香港、南洋。广东没有总工会的组织，实际上这个办事处很好的领导了这四个地方的工会。教育方面的成绩也特别好。只有南洋方面的工人运动还未充分发展起来；一个工会仅有几十个人或者几百个人，最多者也不过千余人。我们相信在不久的将来，他们将会表现出光荣的斗争行动。

我们希望第四次大会特别注意南洋的问题。

（三）汉口：

全国总工会尚未迁来汉口时，汉口办事处领导湖南、湖北、四川、江西、安徽五个地方的工作；除湖北以外的各省，都派出特派员指导实际工作。

四、北伐进军中的工作

在北伐战争中，工人进行了很多工作支援北伐军。在敌人后方的铁路及交通部门，给敌人造成了严重的困难。工人组织了铁路队，专门给友军方便，破坏敌人行动。这在军事上做出了伟大的贡献。

上海工人的三次起义，对革命军的援助尤为重大。工人以自己的力量消灭了上海的军阀，组织了上海市政府。这是值得敬佩的行动。但不幸令人痛恨的是，大资产阶级的代理人蒋介石一到上海，即改变了态度，屠杀我们工人和同志。

湖北工人在北伐中也进行了不少的工作。比如北伐军进军岳州后，吴佩孚全力抵抗，但由于粤汉路已被工人破坏，交通十分困难，终于失败。在这个斗争中，陈定一同志遭到牺牲，实为遗憾。汉阳兵工厂的工人觉悟到他们制造的枪弹被军阀用来屠杀他们的同志，不顾吴佩孚统治之严厉，举行了罢工，使吴军的军火无法补充，归于失败。再有省港罢工工人组织运输队，帮助北伐军在很短的时间内获得了胜利。

在第二次北伐战争中，工人进行的工作也是伟大的。铁路队的工作较以前更为加强，力量更加扩大。杨森、夏斗寅的叛变所以能够在很短时间内被粉碎，即是由于工人阶级迅速的武装起来，参加了前线的斗争。这些均是全国总工会领导工人斗争的成就。

五、省港罢工及其成果

第三次劳动大会以后，省港罢工仍然继续进行。我们知道省港罢工在表面上虽未得到胜利，但实际上，省港罢工对广东政府的财政、政治以及北伐，都给了极大的帮助。国民政府与英国政府所一度进行的谈判，在我国外交史上是极其光辉的一页，对中国国际地位的提高，起了不少的作用。去年十月十日，罢工工人鉴于政治及外交的新形势，认识到暂时停止罢工对革命更为有利，遂决定停止罢工，由国民政府处理罢工的善后事宜。总而言之，这次罢工在政治上、经济上都获得了很好的结果，并使革命获得了极大的利益。

六、参加国民革命

工人阶级为国民革命付出了很大的牺牲，在巩固国民政府的基础上，工人阶级尽了最大的力量。因之，工人阶级当然必须参加国民政府，以维护工人阶级的利益。全国总工会决定要求让工人阶级参加政府各个部门的工作。全国总工会委员长苏兆征同志已任国民政府的劳工部长，湖北总工会委员长向忠发同志已任汉口市政府委员，这就开创工人阶级参加政府机关工作的最初先例，希望以后日益增多。

七、太平洋劳动大会

五卅运动以后，中国工人阶级在世界无产阶级革命运动中，占着重要的地位，并且参加了世界无产阶级的组织——赤色职工国际。在第三次劳动大会以后，英、苏、法、美等国的工会都曾派代表来中国参观，并于五月在中国召开了太平洋劳动大会。参加这个大会的有九个国家的代表，会上除赤色职工国际委员长罗佐夫斯基同志的“关于中国革命与世界职工运动的报告”外，还有各国工人运动的报告，并通过了二十个决议案。

八、全国总工会各部门的工作

（一）宣传工作，除出版《工人之路》《中国工人》等二十多种报刊外，还发行了很多小册子、画报、标语等，并且组织了国际通讯局，从事国外宣传。

（二）秘书处的工作。在广东时的工作，因为缺乏材料，不能做报告，自迁到汉口以后，共发出信件五百零四件，收到信件一千八百七十九件。

（三）组织工作。派特派员到各地努力组织工会，全国有组织的工人由一百二十万人发展到一百九十万人。

九、结论

执行委员会自第三次劳动大会以后，在一年的工作中，虽然工作的成绩还很不够，但每个委员在自己的工作上并不是不努力的，并且做出了一定的工作成绩，但由于全国总工会不健全，以致还缺乏统一集中。

我们在这次第四次大会上提出的口号是：

一、加强全国总工会。

二、所有的工会工作人员归全国总工会调动。

三、各地工会要按时向全国总工会交纳会费。

四、设立北方办事处，作为北方工人运动的领导核心。

五、全国总工会要设专职领导人员，并经常派遣人员去各地巡视。

（中华全国总工会中国工人运动史研究室编：
《中国工会历次代表大会文献》，工人出版社，
1984 年，第 8-11 页）

上海总工会报告*

一年来的奋斗

一年来，本会领导上海八十余万工人，在艰难困苦的环境里，继续坚持了斗争。虽然遭受了帝国主义、新旧军阀和反动势力的无数压迫和打击，有成功也有失败，但是到现在本会却依然存在；群众团结的力量和斗争的意志却愈益增强；活动的方法和运用的策略却愈加正确。无论反动势力怎样猖獗，只要我们很好的坚持斗争，敌人必将日趋崩溃。现将本会一年来的工作过程和情况，分八个时期详细报告如下。

第一个时期　第三次劳动大会以后——劳动争议勃兴时期

自一九二六年第三次劳动大会以后（即五卅事件一周年纪念以后），到八月日商工厂罢工，这是上海工人劳动争议的勃兴时期。兹将劳动争议的原因、经过概述如下：

一、劳动争议勃兴的原因

五卅事件一周年纪念后，帝国主义的威势在一般工人中已经一落千丈。工人在五卅事件以前受着残酷的压迫，当纪念“五卅”时，群众情绪高昂，异常激愤，大有一触即发之势。而此时值上海米价暴涨（十七元五角一石），其他日用品亦日趋

* 本文译自日文一九二七年八月三十日出版的上海日本商业会议所编《时局与上海的劳动风潮》第二册。

涨价，工人的生活更加困难。然而，资本家方面目睹工人纪念“五卅”的热烈行动，心惊胆寒，极力向工人反攻；中国官署亦惧怕工人的团结日益扩大和巩固，企图加以压迫。因此，许多劳动争议事件相继而起，激成了劳动争议的勃兴时期。

二、本会领导的斗争和经过

这个时期，本会最重要的问题是：第一，如何健全组织，以便于领导斗争；第二，如何取得工会在社会上的公开地位；第三，如何在新的斗争中发展并巩固工会组织。

为了解决第一个问题，首先改变了工会的组织，把原来六个地区组织改为“杨树浦、引翔港”、“小沙渡、曹家渡”、“南市、浦东”三个区组织，每区派一名得力人员，作为上海总工会的常驻代表，指导一切活动。本会在执行委员会下，以委员长、组织与宣传两部主任及三个区的常驻代表组成常务委员会，每周开会一次，处理全部工作。各区组织了“工人代表会”，选出代表三人为主席团，主持全区的活动。

为解决第二个问题，对这期间的一百零六次罢工，本会一方面进行宣传指导，获取群众的信任；另一方面在调解罢工纠纷时，争取社会上的同情。这些措施在六十二家缫丝厂罢工中显示的最有力。因此，本会的社会地位遽然提高。

为了解决第三个问题，我们在每次罢工中都特别注意了组织工作。如丝厂第一次罢工，光余七厂的劳动争议曾一度消沉，本会立即进行了组织工作。手工业的洋服工会亦是在罢工中建立了组织。其他如杨树浦、小沙渡、南市三个地区的“工人代表会”，亦都是在这一时期建立的。

三、劳动争议的结果及影响

仅在两个月内，罢工次数即达二百六十九次，参加罢工有一百零七个行业。由于本会的领导得当和群众奋勇坚持，大部分罢工的结果都是工人方面胜利。罢工的胜利，使群众对本会的信任更加巩固，本会的社会地位也遽然提高；而资本家方面则受了很大的损失和打击，六十二家丝厂尤甚。帝国主义和军阀对本会更加嫉恨；他们为使本会不能在社会上公开活动，遂于6月12日指使孙传芳的走狗严春阳，封闭了本会的会所。本会被封闭后，当即采取了五项对策：

（一）要求和平解决。

（二）积极宣传发生劳动争议的原因与工人的痛苦，并号召上海工人举行总罢工。

（三）在原来没有组织的、又不属本会领导的工人群众中积极进行活动，使劳动争议继续不断，以证明官署封闭和消灭本会的企图无济于事。

（四）努力保持本会在社会活动中的地位。

（五）严密各区工会的活动，并采取半公开的形式活动，以免工人因本会被封而引起惊惶。

第二个时期　日商工厂劳动争议的始末

一、酝酿时期

在五卅事件一周年纪念前，小沙渡的工人因受着资本家的残酷压迫，随时随地采取罢工的手段反抗。六月间的劳动争议，仅小沙渡区已达十五次之多，除内外棉三、四两厂外，都获得了胜利。由于厂方在这些劳动争议中受了很大损失，并且各厂经常有些工人流露敌对的情绪，所以厂主更加迫害工人。当时适值纱价下跌，销路停滞，资本家遂趁机采取了“关厂”政策，每当工人提出要求或将罢工时，他们即自动“关厂”，使工人受到经济上的威胁。从日本资本家采取这种政策后，内外棉三、四、九厂的劳动争议相继失败，被开除领袖多人。在这种情况下，工人领袖深感一个工厂孤立的罢工，绝难对抗日本人的“关厂”政策。因此，在七月二十三日的小沙渡“工人代表大会”上订立了同盟公约，准备共同行动。这就是反日同盟罢工的起端。

二、总罢工的决定

当时，本会分析了经济斗争的条件非常不利，认为厂方绝不会畏惧这次罢工，遂即召开了各种会议，向工人详细解释，工人始暂平静。到七月间，厂方的态度更加顽强，并传来了各厂大批开除工人的消息。对此，工人更加愤怒，自动来总工会要求下令罢工；但本会仍感时机不利，仍劝告工人忍耐。到了七月二十七日，本会常务委员会由于形势所迫，为了满足各厂工人的恳切要求和巩固本会在工人群众中的组织和威信，乃决定举行准备已久的反日同盟罢工。

三、劳动争议的结果

到八月二十日，上海纱厂总工会下令首先在内外棉东西五、七、八、十二等五个厂举行同盟罢工，参加罢工者万余人，提出了五项条件：

（一）解决陈阿堂案，引渡凶手交中国法庭审理；抚恤被难家属；保证以后不再发生此类事件。日本领事向中国道歉。

（二）改良工人待遇，不得雇用武装巡捕、流氓入厂殴打工人。不得滥罚工资。取消侮辱工人人格的制度（如打手印等事）等。

（三）增加工资十分之二。

（四）释放各厂被捕工人；恢复被开除工人的工作；以后不得任意开除工人。

（五）赔偿关厂期内工人的损失；三、四、九厂关厂期内工人的损失及此次罢工期内的工资，须一律照发。

以后陆续参加罢工的，有内外棉十三、十四、十五厂及同兴纱厂共四个厂。只有内外棉九厂罢工一夜即复工。参加罢工的人数共约两万人，罢工二十八天，但结果是失败了。工厂方面开除了二百六十七名工人，所得到的条件是：（一）复工后每人每日增加米贴大洋三分；（二）复工后每人向厂方借洋四元。

四、本会在劳动争议中采取的政策

甲、扩大罢工——关于扩大罢工之结果，仅限内外棉、同兴纱厂，其他如曹家渡的丰田厂、喜和厂，引翔港的东华厂、裕丰厂等，都因为实力不足，未能举行罢工。

乙、为唤起社会上对这次罢工的同情及注意，本会发表了宣言，并由日商工厂的工人派代表向各团体请愿，同时与学生共同组织讲演队。八月末在南京路等地举行了大规模的讲演会，并在各马路及游艺场所散发罢工宣言及传单。当时各马路商界联合会曾拟出面调停，但因形势不利，未敢出头。

丙、调解——当时对罢工工人的宣传和组织工作有很大的缺陷。罢工已有四五日，而工人尚不了解罢工的意义。领导人员的活动亦未深入群众。工人有些消极表现。本会鉴于这种情况，遂不得不退让，由商界人士出面调解，最后把条件降为：（一）每人每日增加米贴大洋三分；（二）改良待遇，不得雇用巡捕入厂殴打工人；（三）复工后三日内，贷给工人每人大洋四元，分期偿还。

丁、增加工资、照发罢工期间的工资及不得开除工人等三项条件，暂时保留，待日本纱厂联合会总裁船津来沪后，再行谈判解决。调解人虞洽卿向日本领事馆及厂主方面奔走的结果，厂方仅承认自动履行三项条件中的一、三项。这时本会遂命纱厂总工会通知罢工工人复工。

第三个时期　反英、反孙

一、反英

自日帝工厂的劳动争议忍痛复工后，北伐军节节胜利，攻克武汉，进军江西。英帝国主义在长江一带的政治、经济势力彻底动摇了。帝国主义为了镇压高涨着的革命怒潮，又使用了“炮舰政策”，以图延续其统治，炮轰万县全城，死伤数百人；在汉口、九江肆无忌惮的枪杀中国人。当时幸赖全国人民，尤其是武汉政府领导下的工人、农民及小商人等全力为政府的后盾，收回了汉口、九江的英国租界。汉口事件发生时，本会联合上海商、学各界，扩大反英宣传。当时虽遭孙传芳的残酷压迫，但本会仍与学生合作，公开的或秘密的随时进行宣传，在上海煽起了浓厚的反英气势。除了对内宣传外，并致电英国人民和工党，呼吁认清时代潮流，同心协力打倒帝国主义；并组织上海各界对英经济绝交委员会，推进反英斗争的胜利，但由于当时环境不利，该会难以起更大的作用。英帝国主义操纵世界舆论，大肆诬蔑汉口事件是第二次拳匪事件；借口保护侨民，向中国派遣军舰，妄图用武力镇压中国人民；在上海越过租界架设铁丝网，阻塞交通，破坏商业交易。凡稍有血气的人，无不看清英帝国主义的野心，从而更激起了强烈的反抗。南京事件发生后，本会又领导上海市民坚决抗议。这种反英气氛，自五卅事件以来继续高涨，从未停息。北伐军进驻上海后，长期被蹂躏的上海市民以满腔的热忱欢迎北伐军，要求在革命高潮中获得彻底解放。不料竟出现了背叛党国的蒋介石，甘心附逆，代替帝国主义屠杀上海革命工人，干出了帝国主义在上海犹未干过的罪行。但是，革命的上海工人与市民的反英情绪，反而更加坚强和高涨。

二、反孙

当北伐军战胜吴佩孚时，孙传芳提出妥协。本会即利用孙传芳的所谓“保境安民”的假面目，充分鼓动上海商、学各界，阻止孙传芳进兵江西。至国民政府收复武汉，开始向东南进军与孙传芳短兵相接时，本会的反孙策略从消极的保守转为积极的进攻。进攻时期与策略，可分为三个阶段：

（一）江西混战时期

因蒋介石猜忌专横，江西久攻未克，所以本会当时提出的口号是：“江苏、安徽、浙江三省自治”，鼓动三省人民扰乱后方，停止纳税，反对军用票等，在经济上给孙传芳以重大打击。

（二）江西战败时期

当孙传芳在江西垂败之际，浙江省长夏超宣布独立。本会组织的工人纠察队亦于 11 月 24 日举行第一次无产阶级暴动，以期占领上海、杭州，彻底切断孙传芳的后路，消灭其在东南一带的残余势力。其后夏超的独立被扑灭，本会领导的第一次暴动亦未有所成就。然而，上海的暴动对于江西的军事胜利，却实有重大的意义，迫使孙传芳不得不怆惶的逃往天津。本会根据暴动中所取得的宝贵经验，为第二次及第三次暴动奠定了胜利的基础。孙传芳逃津后，投靠奉天的张作霖，他们勾结鲁军共同南下，于是更加引起东南人民的愤怒。本会当时的行动口号是：（1）反对奉鲁军南下；（2）打倒孙传芳；（3）拒用军用票；（4）上海市民实行自治；（5）响应北伐军。活动的方法是：（1）联合上海商、学界及三省知名人士组织市民代表会，促进自治运动；（2）各工会组织了经常性的宣传队，出外讲演，散发传单；（3）举行总同盟罢工与武装暴动。

（三）自治运动

上海市民的自治运动由来已久，因屡遭军阀压迫，未得实现。但自治运动是上海市民（包括大资产阶级在内）的强烈要求，也是对付帝国主义大本营——上海的最适当的政策。自孙传芳在江西战败以后，上海市民如狂似醉，无不认为这是彻底实现上海自治的良好机会。当时的大资产阶级如邬志豪、王晓籁及官僚如蔡元培、褚辅成等，都积极致力于自治运动。本会在市民代表会中的地位与威信日益提高。当时上海虽在严春阳、李宝章与帝国主义的共同蹂躏之下，但上海市民尤其是工人、学生仍不断努力进行斗争，终于在今年2月建立了市民代表会议的政权。在这个会议上，工人代表占二分之一以上。会议通过决议，接受上海市民的总要求；颁布了上海市的施政纲领；产生了革命的临时政府。本会的汪寿华、李泊之、王景云三人被选为市政府委员。会议还决定把上海市划分为八个区，设有区代表会议与执行委员。这种民治的基础，以后虽遭蒋介石的破坏，但上海市民的革命意识却因此增强。自孙传芳卷土重来以后，奉鲁军亦随之南下；本会领导的自治运动更趋高涨，其具体表现是三次暴动与总同盟罢工。关于罢工的情况，将在“上海工人的斗争”部分详细说明，这里只简单叙述三次暴动的经过。

第四个时期　三次暴动

一、第一次暴动

（一）当时的客观环境。（1）孙传芳在江西全军惨败；（2）夏超在浙江宣布独立；（3）上海在严春阳、丁文江的统治之下；（4）孙传芳残余势力中的精锐孟照月部，自南京经上海去杭州。

（二）本会预定的策略。待夏超的军队向松江进军时开始发动，以本会的工人纠察队为基础，与国民党的钮永建合作，袭击高昌庙，占龙华后再占领上海。

（三）暴动的经过。11 月 24 日，夏超的军队未能前进，但上海的局势已处于矢在弦上不得不发之势。工人纠察队的领导人奚佐尧与陶静轩乃率领队员援助群众，按预定计划自南市、浦东开始进攻；但因准备不充分，时机不利，沿途频遭狙击。我们的领袖奚佐尧、陶静轩因而牺牲。

（四）这次失败的原因。（1）暴动的时机迟缓，未能与夏超的军队取得联系；（2）大资本家虞洽卿及投机分子钮永建临阵脱逃，出卖同盟者；（3）准备不周密，枪械不良，军事技术幼稚；（4）因未全面考虑全国的政治局势，陷于孤立无援，以致失败。

二、第二次暴动

（一）当时的客观环境。（1）北伐军与鲁军在松江对峙；（2）直鲁军企图作最后抵抗；（3）上海在李宝章的统治之下；

（4）蒋介石为压制工人的革命高潮，把进军重点由上海转为苏州、常州；（5）自第一次暴动后，由于长期的宣传，上海市民大多数已认识了暴动的意义，但是除工人外，其他市民只是消极的参加；（6）2月21日，全上海八十万人举行了六小时的总同盟罢工。

（二）预定的策略。本会的工人纠察队与海军及商团配合，预定2月21日下午六时以海军开炮为信号，进攻高昌庙，同时缴除败兵及警察的武装；占领龙华后，成立上海市政府，响应北伐军。

（三）暴动的经过。2月21日下午二时起，各处的纠察队及罢工工人陆续到达指定地点集合。到下午六时，海军并未开炮，当时的指挥亦不够机敏，群众以为方针改变而陆续散去。至下午七时海军开炮，但因敌人防范周密，商团及钮永建率领的便衣队未起作用，本会的纠察队亦因人数过少，终于失败。翌日，工人、学生仍继续散发传单、讲演，遭到李宝章的大屠杀，死亡数十人，被捕者达五百人以上。

（四）这次失败的原因。（1）预定时间过早，未能与海军号炮配合一致；（2）未能与松江前线的战斗采取一致行动；（3）投机分子未起作用；（4）准备不充分，军事技术幼稚；（5）未能充分利用群众的力量。

三、第三次暴动

（一）当时的客观环境。（1）北伐军自闵行迂回，进军上海，将抵龙华；（2）毕庶澄的军队已无斗志；（3）上海市民的革命热情已达顶点；（4）本会与各方面都作了长期的准备；（5）帝国主义者除用铁丝网封锁租界以外，再无其他办法。

（二）预定的计划。罢工后立即暴动，夺取警察局；以纠察队维持治安，解除直鲁军败兵的武装；占领各公共机关，成立市政府，欢迎北伐军。

（三）暴动的经过。三月二十一日正午下令罢工，三小时内全市一致举行了罢工。下午一时，群众在闸北、浦东、吴淞的各指定地点集合；下午二时开始行动，工人纠察队在前线，群众在后方，仅在一小时内，各警察局相继被群众占领。至下午四时，南市、浦东全部被群众占领，仅在闸北与直鲁军巷战两昼夜，始完全攻克；吴淞的敌人亦相继被肃清。

由于军事行动的成功，其他预定计划都逐步的实现。

（四）结果。这次暴动的成功，是东方革命运动史上最光辉的一页；赤手空拳的工人不惜牺牲，解除敌人武装，成立了工人武装纠察队。北伐军一弹未发，收复了帝国主义的大本营——上海，使二百五十万上海市民平安的归于青天白日旗下；同时确立了本会的地位与工人阶级的革命领导权。

第五个时期　本会公开后的活动

三月二十一日的暴动成功以后，本会在闸北会文街湖州会馆设立会所，公开办公。自三月二十二日至四一二事件，共二十日。这期间本会的会务非常繁忙，各方面都表现出蓬蓬勃勃的气象。然而由于四一二事件，本会的文件全部被毁，无法作详细具体的报告，深感遗憾。兹将当时的情况，就记忆所及，逐项概述如下：

一、政治方面

上海工人很快的驱逐了军阀，促成革命军的胜利。换句话说，上海市民在短时期内未受任何重大的灾难就消灭了直鲁军阀。不用说，这是上海各阶级的力量与功劳。本会鉴于工人阶级夺取政权的重要性，自公开活动以后，即为建设民主的政权而努力斗争，以正确的革命政策，结成上海各革命民众的联合战线，发展群众的力量，巩固革命的基础。根据这一原则，体现在实际的工作中有以下各项：

甲、在政治上：由市民代表会议产生了上海特别市临时政府。产生的方法完全运用了民主的原则，由工商学联合会选出全部委员。本会执行委员被选为市政府委员者共三名，约占全数的三分之一（市政府委员共十一名）。

乙、在军事上：积极的加强工人与军队的联系，鼓励革命军队与工人亲密合作；如募捐慰劳北伐士兵，举行工兵联欢会等。

二、组织方面

本会公开以后，几乎一切的内部活动都集中于组织部，但当时组织部的工作人员非常薄弱，主观力量赶不上客观形势的发展。兹将当时的组织工作，按时间先后，概述如下：

甲、改选委员。本会公开后，即于28日改选，并成立新的执行委员会，当场选出汪寿华等四十一人为执行委员，并在执行委员中选出汪寿华、张之甫、李泊之、顾顺章、龙大道五人为常务委员；并组织了交际、宣传、经济斗争和纠察队等各部。

乙、整顿各产业总工会、工会联合会（简称“产总”、“工联”）。改组之后，各产总、各工联继续进行活动。上海工会组织分为十七个产业、八个地区。以前已成立的产总、工联，重新召开成立大会，认真整顿内部工作；尚未成立者，由本会派专人着手组织。以前及新成立的产总共十五个，另外，食品、建筑两个产业亦在进行筹备。新成立工联的有虹口、法租界、闸北等地。

丙、登记工会。以前及新加入本会的工会，都未免有些紊乱的现象，所以本会决定各工会在一周内，向各区工会提出详细的报告，重新进行登记，以便于划分工联、产总的范围及进行各厂工会的整顿和领导。当时已登记的工会有五百零二个。

丁、印发工会章程及组织办法纲要。为避免新加入的工会在领导上混乱，特印刷工会章程、工会组织办法纲要及加入本会的条件等各十万份。对来信请示或派人来本会洽谈的工会组织，均分发若干份以供参考。

三、经济斗争

上海工人在军阀统治时期，尚且为争取本身的经济利益进行了英勇的斗争，何况本会已经公开，已不再受政治上的压迫，所以当时劳动争议相继而起。本会早在暴动前已提出上海工人的总要求，公开后又向各厂普遍分发，指示各厂工会参考“总要求”，结合各厂特殊情况，向厂方提出经济条件，要求厂方承认。的确，当时各厂主鉴于工人力量的强大及政治环境的趋势，除少数极顽固的厂主外，大多数都给了工人以满意的答复。可以说仅在七日内，上海工人得到的经济利益，比以往任何劳动争议的成果都大得多。

四、整顿纠察队

甲、集中领导。暴动后本会的纠察队散在各区，缴获奉鲁军的武器也分散在各区。消灭奉鲁军的翌日，纠察队指挥者下令集中人员与武器加以检点之后，编成大、中、小队，分驻各区；同时在商务俱乐部内，成立了纠察队总指挥部。

乙、授与队旗及整顿服装。纠察队都是工人组成的，服装很不整齐，外观及精神上都有不好的影响，且又易混入流氓及捣乱分子，因此本会认真审查了工人纠察队的成员，制定纠察队制服。在换穿新制服的当日，在闸北青云路举行了本会纠察队的授旗仪式。

丙、设立纠察队训育部。为使纠察队愈益革命化，设立了纠察队训育部，使队员提高政治、提高军事知识，正确认识工人纠察队的意义，以充分负起职责。

从上述情况可以看出，在二十天的公开活动期间获得如此成绩，确属非常难能可贵。例如这个期间的工作是顺利的，各阶级的革命联合战线是稳固的。当时亦曾顾虑帝国主义与新军阀是否将策谋屠杀，实行“苦迭打”，镇压革命；果然帝国主义与新军阀的阴谋终于实现了。这种局面固然是新军阀甘心出卖革命，进行野蛮残暴的屠杀所造成的，但我们本身工作也不好，未警惕新军阀的反动阴谋，反而过于相信戴着革命假面具的军队，对此阴谋疏于防范，以致才有 4 月 12 日的惨痛事件突然发生。

第六个时期　四一二事件经过

一、起因

本会领导的上海八十余万革命工人，已成为帝国主义和反动派的眼中钉。旧军阀统治时代，由于反动派的手段笨拙，虽不断封闭、屠杀，但革命的工会组织却日益增加、扩大与巩固。蒋介石指挥的伪革命军进驻上海以后，反动派对上海工人为维护革命胜利以生命换得的武装所组成的工人纠察队，竟认为是他们灭亡的先兆，视上海工人为仇敌。当革命力量以一日千里之势蓬勃发展之时，帝国主义及反动的大资产阶级收买了蓄意压迫工农、实行独裁、叛党卖国的蒋介石，充当他们新的傀儡，屠杀我上海工人。蒋介石一到上海，即收买其党徒大流氓头子黄金荣等组织“中华共进会”；并利用工贼童理章等组织“工界联合总会”，作为破坏本会的工具。当时本会组织起来的纠察队已达三千人，分驻在闸北、南市、浦东、吴淞四地，保卫工会，维持社会秩序。蒋介石起初散布谣言，破坏本会信誉，后见诡计难逞，乃在工人热烈欢迎北伐军的声浪中，勾结帝国主义，决定了消灭工人纠察队的阴谋。

二、纠察队被解除武装

在纠察队被缴械以前，帝国主义即援助资产阶级向蒋介石捐助一千五百万元，作为彻底压制工人的交换条件。蒋得款后，立即收买流氓、工贼等五百余人，每人发枪一支、小洋八角，匿于租界内。四月十一日，蒋命其党羽白崇禧颁布戒严令；四月十二日拂晓，雇用的流氓一齐自租界内冲出，袭击纠察队，同时反动派的军队与流氓合作，欺骗工人，把纠察队缴了械。工人对革命军队始终以诚意相待，因而受骗。

纠察队被缴械后，引起了工人、市民的强烈反抗，蒋介石又屠杀了四百余人，并继续勾结帝国主义里应外合以武力摧残各级工会，捕杀工人，造成了空前的惨剧。

三、被缴械的经过

自四月十二日凌晨一时起，在三小时内，各纠察队驻所：闸北湖州会馆（本会会所）、商务印书馆俱乐部、总指挥部、江湾路、浦东、吴淞、南市、三山会馆、华商电车公司等地，都发生了同样的变乱，数十名臂缠白布黑“工”字符号的流氓向纠察队进攻。纠察队虽早知蒋介石叛变的阴谋，但为维持地方安宁、保持工人与革命军队的联合战线，仅采取了防御的对策。不料反动军队早已得到命令，于流氓进攻的同时，已派兵将纠察队四面包围，协同进攻。其计划是：军队先缴除流氓的枪械，假意表示与纠察队合作，使纠察队不仅不怀疑反而竭诚欢迎；于是反动派就顺利的占据了纠察队驻所。随即以司令部邀请纠察队代表协商善后事宜为名，将各纠察队负责人骗至司令部拘禁起来；同时反动军队又命纠察队员架枪休息，而乘机将各区纠察队的枪械全部夺去。缴械后，以检查为名，到各纠察队驻所等处抢劫，屋内凡能携带的物品，都被掠劫一空，笨重者全部捣毁；损失最重者是经营数十年、投资二百余万的东方图书馆（本会俱乐部）全被破坏。在青天白日的旗帜下，军队竟敢如此背叛人民，恣意掠夺的暴行，对此无不悲叹！缴械后，各区被驱逐的大部分纠察队员会同前来支援的各厂工人，参加了各区的市民大会。今将缴械的情况，列表如下。

四、被缴械后各区的市民大会

自纠察队被缴械的消息传出后，各区工厂的工人多自动罢工，要求士兵停止开枪。反动军队不但置之不理，反而逮捕、残杀工人，因而激起工人剧烈的愤怒，市民亦极不满。当日即四月十二日，本会、市党部与学生联合会在上海南、北市召开了“欢迎汪精卫大会”，到会人数很多，当群众听到纠察队被缴械的消息时，莫不异常激愤。大会通过决议，举行罢工、罢市、罢课，共同声援纠察队。同时吴淞、浦东、小沙渡等地，亦由本会领导召开了市民大会，工人无不踊跃参加。会后举行示威游行，各向该区司令部请愿，要求：（一）发还纠察队的枪械；

纠察队被缴械情况表

变乱地点	参加变乱的流氓人数	参加的军队	指挥者	事件发生时间	缴去纠察队的武器和马匹数							纠察队死亡人数	纠察队受伤人数
					机关枪（挺）	步枪（支）	毛瑟枪（支）	手枪（支）	小枪弹（箱）	手榴弹（个）	马匹（匹）		
俱乐部	100余人	26军2师5团1营	团长邢霆如	4月12日上午5时	7	1500	220	80	84	700	12	15	50余人
商务印书馆	20余人	26军2师60余人		4月12日上午4时	1	100	70	10	10	40	—	17	50余人
湖州会馆	50余人	26军2师2连		4月12日上午3时	5	420	80	35	15	20	1	9	10余人
江湾路	40余人				2	410	15	—	10	—	—	2	10余人
浦东	40余人	白崇禧的特务营	周营长	4月12日上午2时	—	400	—	10	10	—	10	5	30余人
华商电车公司	30余人	26军1师1团1营	团长徐雄营长孟狄州	4月12日上午3时	4	300	2	—	10	—	—	1	30余人
吴淞	10余人	26军驻守炮台湾的两连	某营长	4月12日上午1时	—	107	—	—	10	—	—	4	10余人
三山会馆	60余人	26军2团1营	杨其藻	4月12日上午3时	10	400	30	40	2	100	—	8	30余人
共计	约400余人	约5个营	26军	自4月12日上午1时至5时	29	3637	417	175	151	860	23	61	220余人

（二）拥护上海总工会；（三）肃清反动派；（四）抚恤死伤人员。蒋介石既存心反动，当然没有任何结果。群众当时悲壮激昂，表现了空前未有的革命热情；尤其是南市三十万市民，全体步行十余里去龙华请愿。白崇禧不敢接见，用火车将群众送回。此次请愿，实为上海市的空前壮举。各厂工人都自 12 日起自动罢工；在罢工的准备期间，闸北工人齐赴湖州会馆夺回会所。本会立即进入会所照常办公，并召开工人代表大会，决定：发表通电，号召总罢工；要求交还纠察队枪械；电请武汉政府惩办祸首。12 日下午六时，各区工人举行慰问、示威，有万余人涌至会所。本会组织了宣传队，揭发蒋介石的暴行；无不声泪俱下，群众听后，握拳扼腕，表示誓死反抗。是夜有工人万余露宿会所门前，秩序井然，忍受冷风苦雨，毫无倦容。

五、4 月 13 日大屠杀

4 月 13 日上午，本会在闸北青云路召开市民大会，到会者近二十万人，多为各区参加罢工的工人。散会后整队游行示威，并赴二十六军二师司令部请愿，途中由纠察队维持秩序，毫不紊乱。当大队行至宝山路司令部门前时，军队未作丝毫警告，突然以预先架好的机枪向群众扫射，秩序突然大乱，呼喊之声震天动地。群众向后溃退，而预先埋伏在宝山路、宝通路的军队又一齐开枪；宝山路一带顿时尸骨堆山、血流成河。最残酷的是宝山路义品里的包围屠杀，当场被击毙者百余人，被捕者二百余人，下落不明者五十余人；工人死伤最多，实为空前的大惨剧。

第七个时期　四一二事件以后

本会宣布总同盟罢工后，社会上各方面的空气顿时紧张。

帝国主义、新军阀、资产阶级、流氓、工贼等，皆被工人的气势所吓倒。中小商人虽未能积极援助工人，但对蒋介石的屠杀政策，也愤怒不平。平日自称稳健的学者如李石岑、郑振铎等，亦致函吴稚晖等大鸣不平。在此情势下，反动派唯一的对抗手段，即悍然实行资本家与帝国主义授意的屠杀政策，以维持社会上表面的安宁。所以在解除纠察队武装后，继续进行残酷的大屠杀，接着又实行了东南六省的大屠杀。本会所属的各级工会均被封闭；工会领袖与革命分子，几无活动的余地。此即是全国范围的反动局面的一部分；也即是全国的长期反动局面的开始。本会对付这种长期的反动局面的手段，是由积极的进攻改为防御；所以在总同盟罢工的三日后，于15日下令复工，以保存各级工会组织，并使群众不致因反动派的威胁利诱而发生动摇。

当时本会的策略是：（一）将机关转入地下，秘密领导；（二）整顿组织，严防内奸；（三）积极进行政治宣传工作；（四）抚恤、救济死伤与被捕的工人；（五）积极开展经济斗争；（六）打倒工贼、流氓的组织“工会统一委员会”；（七）处理纠察队的善后事宜。整顿的结果：“产总”、“工联”都保存了地下组织，受本会领导的工人有二十八万，受影响的近五十万人，此外有三十万人是家庭手工业工人或店员，他们表面虽较以前消极，但仍保持中立态度，未为反动派的威胁利诱所动摇。兹将以上各项策略的实施概况，略述于下：

甲、领导机关的秘密化

纠察队被缴械后，各“产总”、“工联”及所属工会，全部转入地下。上海总工会本身及各“产总”、“工联”都设立了交通、联络、文书等处。反动派利用“共进会”和悬赏，极力搜索工会机关，逮捕革命分子；但秘密机关遭搜查者甚少，领导人被捕杀的有虹口“工联”主任何大同、沪西“工联”主任王炎夏、书报科主任糜文浩等。

乙、整顿组织

四一二事件后，本会保持群众的策略是：（一）以绝对受“上海总工会”的领导、不加入“工会组织统一委员会”为上策；（二）以受“上海总工会”领导，而表面上托言工会不参与党派斗争为中策；（三）以加入“工会组织统一委员会”、实际受“上海总工会”的领导为下策。本会即根据上述策略继续活动。虽然“工会组织统一委员会”勾结资本家、新军阀和帝国主义采取各种手段进行破坏，然而到5月中旬因被迫或被骗而动摇者不过两万人，其多数是手工业工人，也有少数产业工人。他们都是由于环境不利，不便支持本会，而事先经本会允许有计划有目的的加入“工统会”的工会组织的。5月中旬以后，他们又与流氓勾结起来，愈益加剧进攻本会，利用公开活动和各种机会，威胁利诱欺骗工人。本会为了集中活动，将不健全的建筑、食品、化学等工会撤销；将烟厂总工会、药业职工友谊会、金属业总工会、纺织总工会、地方运输总工会等，或由本会直接领导，或合并于“工联”，由其负责领导。其结果，“产总”领导的工会数目虽有减少，但领导的群众毫未减少。至“五卅”二周年纪念时，为适应全国的政治局势，便于长期斗争，决定改变策略，把消极的保持群众改为积极的打入“工会组织统一委员会”。这是因为在政治、军事和流氓的压迫之下，为了争取合法活动，最适当的办法是使一部分处境不利的工会，在我们的领导下加入“工会组织统一委员会”，进行经济斗争，以巩固在群众中的威信。这种策略虽有将群众送给反动派的危险，但在当时的政治局势之下，亦不得不如此。这种政策的目的，并非真正加入“工会组织统一委员会”，而是为了恢复自己的活动。

丙、积极进行政治宣传工作

东南变乱以后，上海的报纸已变成了强奸民意、制造谣言、混淆群众视听的工具，而工人渴望正确的消息，犹如大旱望云霓；因此在反动派与帝国主义者搜查统治之下，本会进行了以下几项政治活动：

（一）办《平民日报》（后改名《青天白日》、《满地红》、《孙逸仙》等），刊登政治、军事消息及反动派压迫工农的阴谋及具体事实；每日发行五千份，为本会唯一的半公开机关报，颇受市民的欢迎。（二）《上海特别通讯》（秘密刊物）。分发各“产总”、“工联”，供应各种重要消息作为口头宣传的资料。（三）上总普通通讯。分发各“产总”、“工联”，并印发给群众，报导政治、军事及反动派活动的消息。（四）传单。以鼓动或解说为目的，在平时和“五一”、“五四”、“五九”、“五卅”等纪念日，约印发传单二百万份。

丁、救济死伤、被捕及失业工人

先进行调查，然后设法救济及抚恤死难者的家属；供给受伤者医药费用；尽力营救被捕工人；召开失业工人座谈会，并介绍职业等。但因经济拮据，救济工作甚感困难。自四一二事件以来，总计死亡近二百人，受伤五百人，被捕一千二百余人，失业者达五千余人。

戊、开展经济斗争

自反动派猖獗以来，工人以前获得之条件，多被资方片面推翻。“工会组织统一委员会”不但不支持工人，督促资方履行条件，反与资本家互相勾结，欺压工人。工会若向资方提出经济条件，立即受到攻击，或诬为扰乱后方，或指为共产党。一般工人逐渐认清“工会组织统一委员会”的反动面目。与此相反，本会坚决拥护工人的要求，给以大力援助；各区、各行业的罢工或谈判，仍由本会主持进行，因此群众对本会的信任愈益巩固。

己、打倒“工会组织统一委员会”

“工会组织统一委员会”系流氓（东路军前敌政治部陈群之走狗）工贼的组织。成立不到两周，即因争夺待遇地位而发生内讧，表面像是右派与西山会议派的冲突，而实际却是政治部和市党部的斗争，也可以说是守旧派与新进派之间的摩擦。他们的冲突日趋激烈，已濒于破裂。本会的策略是：利用其内讧与内部摩擦，瓦解其组织。本会在群众中随时以文字或口头揭发其反动的事实，因而工人对“工会组织统一委员会”怨声载道。各级工会如手工业所属的金银业工会，曾自动的散发传单反对该会。

庚、纠察队问题

纠察队在被缴械后，仍秘密存在；后因人数过多，成员复杂，训练不便，且所需之巨额经费无法筹措，因而分别遣散。除一部分派往汉口外，其余或由本会介绍职业，或使其自谋生计。解散纠察队，并非根本的取消，只是暂时的分散，一有机会，仍能随时集中使用。

辛、“五一”、“五四”、“五九”等纪念日的活动

本会在“五一”国际劳动节的活动计划如下：（一）罢工一

日。全上海约有八十万人罢工。（二）各区、各工厂召开纪念会，示威。因反动派计划于5月1日召开大会，本会的策略是：劝阻全体工人不参加。由于各厂按计划开会、示威，结果反动派召开的南北市大会，仅有数千工人参加；我们举行的示威运动达二百余次之多。（三）散发传单、标语七十万份。南市、闸北、租界、浦东及吴淞各地，5月1日上午十一时起，十分钟内传单散遍全市。反动派为之惊惶失措。“五四”、“五九”纪念日亦与“五一”相同，各区开会，散发传单；但因环境关系，未能进行大的活动。

第八个时期　五卅事件二周年纪念经过

在白色恐怖之下迎接五卅事件二周年纪念日，上海工人的情绪自然更加激昂；曾计划向帝国主义示威，但反动派早与帝国主义妥协，承认不侵犯租界统治的尊严，仅在南市召开追悼会。本会在五卅事件二周年纪念日的活动如下：

（一）罢工。4月28日下罢工命令，罢工工人约六十万。（二）宣传。印发传单六十万张、告工人书三十万张、烈士照片三十万张。（三）开会。各区工厂分别举行纪念会；各“产总”、“工联”派人参加作报告。（四）散发传单。各级工会组织了有三千人参加的八百个宣传队，从28日起向市民散发传单。（五）示威。本会计划动员工人群众一万人，会同学生联合会及国民党上海特别市党部，将群众事先布置在南京路。5月30日上午十时十五分，自西藏路至外滩约二里长的地带，举行和平的示威运动；未殴打巡捕，亦未阻断交通。按预定的路线，示威约半小时后解散。当时为便于指挥，本会与国民党市党部、学联会，组织指挥委员会，设总指挥一处，分指挥两处，将总指挥处设于南京路附近。是日集合起来的基本群众将近万人，虽有英国军队及巡捕在街道巡行，但未发生任何冲突。这次运动固然给了帝国主义以威吓，但因客观环境所限，我们的策略似乎过于和平。

当日反动派亦在南市及江湾召集了市民大会，到会的不过两万人。本会原计划在浦东、吴淞同时举行纪念大会，但因军事当局临时禁止集会，帝国主义亦于事前断绝了交通，与反动派军警采取一致行动，大会未能召开。这一悲壮热烈的纪念日，除本会领导工人对帝国主义的示威以外，各区都在反动派的武力压制之下平平凡凡的寂然度过。

上海的工人组织

上海的工人组织在最近一年间有很大发展：工会由七十六个增至五百零二个；会员从四万人增至八十二万人。在上海的工人中，虽然还存在着帮口、同乡、盟兄弟等旧习，活动分子缺乏经验，组织还不够近代化，但由于在最近一年来频繁的斗争中受到了锻炼，增强了工人的组织观念，工会在工人群众中的地位和威信大大加强。这点虽无精确的统计数字，但事实上，上海的工会组织已建立了巩固的基础，非反动派所能摧毁。此点可以从四一二事件后，整顿组织的结果得到充分证明。

四一二事件后，本会各种文件多遭劫掠，关于组织活动的各项资料已不完备。为阐明概况，以下就各级工会的组织活动情形，做分别说明：

（一）上海总工会的组织系统

全上海的工人代表大会为本会的最高机关，由大会选出执行委员会，执行大会的决议案，内设常务委员会（常委五名）处理日常事务；下设秘书处、组织部、宣传部、经济斗争部、纠察队总指挥部五部分。按照各厂的产业性质及地区，分为“产业总工会”与“工会联合会”（简称“产总”、“工联”），直接受本会常务委员会领导。各“产总”或“工联”，分别在各产业或各区的代表大会上选举各产业或各区的执行委员会，内设一名主任，两名或一名宣传、组织，职员若干人。

各产业、各区不便召集代表大会时，则临时工作人员多为常务委员任命之。

以组织员为各厂工会的指导员，受“产总”、“工联”的领导。各厂有执行委员会，由各厂工人大会直接选出。

本会的组织系统如下：

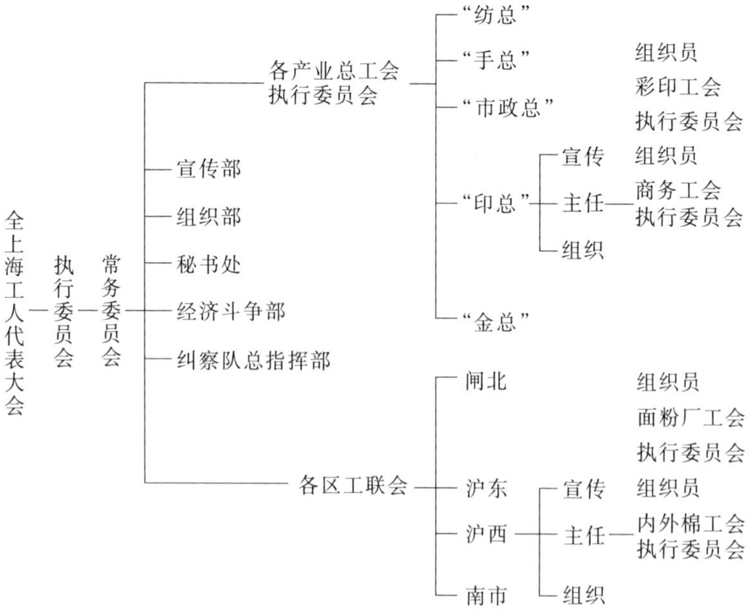

备考：由常务委员会各部向“印总”、“沪西”主任下达命令。

（二）“产总”、“工联”组织的变迁

去年六月，在新的执行委员会之下设立了常务委员会，下设秘书、宣传、组织三部，以秘书处为中心；为了便于领导，曾在三个地区的“工联”（“小、曹区”、“杨、引区”、“南、浦区”）及“产总”八个（码头、印总、铁路、海员、手工业、店员、丝厂、邮电）设主要活动员六六人，技术员二二人，共八八人。至十一月，因能力薄弱的人员甚多，反使工作混乱，精简结果有主要活动员四一人，技术员十一人，共五二人。至今年一月，本会的活动范围日渐扩大，劳动争议愈趋激烈，常务委员会除原有的三部外，增设了经济斗争部与纠察队总指挥部。“产总”增加至十二个（增设铁工厂、纱厂、电织、木业、烟厂）。“工联”亦改为六个地区（杨树浦、曹家渡、小沙渡、引翔港、浦东、吴淞）。自今年三月的暴动成功，本会正式公开活动后，组织又有进一步发展。产总十六个［手工业、华洋服、烟厂、地方运输、市政、药业（原属店员工会）、铁路、纺织、印刷、化学、金属业、艺界、店员、海员、建筑业、食品］；“工联”八个（沪东、沪西、南市、浦东、闸北、吴淞、法华、虹口）。四一二事件后，为了集中活动，撤销了不健全的化学、食品两工会，将药业合并于“店总”，金属业、烟厂的工作划归“工联”。

各工会组织情况较好者，首推产业工人、市政工人、交通工人，其次为手工业工人及店员。去年产业工人的组织中，较进步者为印刷工人（如商务工会），其次为纺织工人（如日华纱厂工会）。市政工人中较健全者为邮务工会、海员工会、铁路总工会等。今年初，各区的手工业工人与店员因受生活威胁及各厂工人斗争胜利的影响，陆续着手组织工会，进行斗争。药业及先施、永安、新新三大公司的职工会、洋布职员工会、估衣工会等，手工业之组织如洋服工会、地毯工会、茶箱工会等都公开活动，并在半公开的形式下设立委员会领导斗争。在公开的时期，各级工会都显示了巨大的发展。四一二事件后，本会与各级工会仅仅是由公开转为地下而已。

（三）上海总工会所属各产总会员及工会的增减趋势

上海工人运动之盛衰，与客观的政治环境以及斗争的盛衰有密切关系。最近一年间，本会在组织上的发展与日俱进。为说明它的发展过程，兹将去年6月、9月及今年1月至4月的总统计表列后；从这两表中可看出自去年6月劳动争议勃兴后，与去年9月日本工厂罢工时组织的增减情况。到今年1、2月因政治环境的变化，工人运动酝酿着大规模爆发时期，一个月内组织发展了四倍，公开后又增加三倍。由此可见上海工人的革命热情与要求组织起来的趋势。

全上海工人的统计与会员变迁比较表（第一表）①

	上海的工人总数	会员数					
		1926年6月份	1926年9月份	1927年1月份	1927年2月份	1927年3月份	1927年4月份
食品	22596	—	—	—	—	72596	700
手工业	226900	2247	2240	6230	5000	166900	13370

① 编者注：表中数字相加不符，原文如此，未做改动。

续表

	上海的工人总数	会员数					
		1926 年 6 月份	1926 年 9 月份	1927 年 1 月份	1927 年 2 月份	1927 年 3 月份	1927 年 4 月份
华洋服务	66617	—	600	2000	2000	37117	5800
烟厂	36020	—	500	4120	14000	19600	12800
地方运输	78500	2000	2898	4250	30300	43000	1760
市政	149480	1910	2100	9250	12660	119484	42160
铁路	6740	—	1500	1500	1500	3500	3500
纺织	241390	27280	30468	25640	74440	175280	133960
印刷	36445	5880	5790	4793	4783	36445	25550
化学	33760	—	—	—	—	6260	1100
金属业	39500	420	420	2406	15300	21100	8680
艺界	29300	—	—	—	—	21300	2800
店员	272440	3014	4155	11050	79950	81070	29510
海员	6800	—	1200	4500	5000	6800	5000
建筑	10830	350	150	500	1200	10830	1000
总计	1253326	43100	51961	76245	289180	821282	287590

注：二月份人数系第一次罢工后之统计，三月份系公开后之统计，四月份系四一二事变后之统计。

一年来所属工会数目增减表（第二表）

	1926 年 6 月份	1926 年 9 月份	1927 年 1 月份	1927 年 3 月份	1927 年 4 月份
食品				13	2
手工业	7	8	24	54	29
华洋服务		2	4	17	10

续表

	1926 年 6 月份	1926 年 9 月份	1927 年 1 月份	1927 年 3 月份	1927 年 4 月份
烟厂			4	9	4
地方运输	6	6	6	8	6
市政	3	4	8	40	38
铁路			1	1	1
纺织	46	46	89	184	135
印刷	7	8	11	27	22
化学				12	4
金属业	2	2	6	40	23
艺界			1	8	5
店员	3	16	28	72	34
海员		1	1	1	1
建筑	1	1	4	13	5
总计	75	94	187	499	319

由上面两表可得出以下之结论：

（1）工会数与会员数增加非常迅速：一方面产业工人之组织渐次充实，另一方面也表明组织已渐次普及于店员、手工业工人。

（2）会员之增减与斗争之胜败有密切关系。但斗争失败后人数的激减，并非表示工人的退缩，而是一种暂时养精蓄锐，以酝酿今后更大的或其他方面的斗争。

（3）工人如有较好的环境，即能迅速的组织起来，经几次斗争训练以后，即能成为不被反动势力所能动摇的坚强战斗的部队。

（4）以上两表的调查统计尚不全面，因工会的基层组织不够健全，数字难免不精确，但以上统计，系综合各种实际报告而成，尚属可靠。

（四）各“产总”、“工联”的活动概况

（1）纺织总工会。包括纺织厂、丝厂、电织厂等三部分。“纺总”设主任及秘书，有关纺织工人方面的一切事情，都以纺总名义指挥、命令。以下分述在“纺总”领导下，各区域工人的活动情形：

甲、沪西区。包括“小沙渡”及“曹家渡”，为工人最多的地区。其中组织较好的为内外棉东西五、七、八、九、十二、十四、十五等厂；都受本会领导。但日商工厂的罢工失败后，失业者达四百人，经两个月的努力，至今年一月逐渐恢复原状。在今年的政治斗争中，仍然表现出巨大的团结的力量。

乙、浦东区。日华工会有会员一千四百人，是各纺织工会中最优秀的单位。反日罢工时，虽过了两个月的救济生活，仍能很好坚持；劳动争议结束后，工会仍然健全，这次虽遭反动派多方破坏，但依然毫不动摇。

丙、沪东区。是纺织工人区。工人有十万以上。从过去活动的经验来看，有以下的特点：（1）日商工厂与英商工厂容易组织；（2）中国工厂中的活动甚为困难；（3）从每次罢工中证明女工的团结力量较男工坚强；其中以杨树浦的活动较好，引翔港次之。斗争中表现得最有力的是老怡和纱厂，该厂工人善于联合工头共同作战，因此内部很稳固。

丁、吴淞区。大中华、华丰等厂至今年一月始有组织，因地处僻远，工厂少，力量甚弱。

戊、丝厂。闸北胡家木桥、虹口一带有丝厂八十余家。去年五月，各厂工会联合起来组织了丝厂联合会，原来由本会直接领导，今年本会公开时，合并于纱厂总工会。自去年六月，六十余家丝厂同盟罢工胜利后，群众对本会的信任更加提高。这次虽受反动派的压迫，组织仍非常巩固。

（2）印刷总工会。其中以商务、中华、彩印、世界书局、美华书局等工会较巩固。其他如黑色石印、铅印、装订、纸盒等工会，因行业的特点，工人的组织较散漫，仅能维持现状，无大的发展。报业工会虽是后来成立的，但组织最好。

（3）市政总工会。五卅事件一周年纪念后加强了组织。电业工人方面：英商新旧两厂的工会能联合工头，尚属稳健。电车方面：去年 8 月华商电车工会因罢工胜利，会员由一百二十余人增至四百五十余人。在今年几次政治罢工中，都采取了一致行动。公共租界电车工会在今年 1 月始建立，力量不及华商电车工会。法租界电业、电车、自来水工会，至今年 1 月组织始臻健全，在几次运动中步调都能一致，最近虽受资本家与反动派的破坏，仍能保持原状。邮务工会的组织非常良好，初成立时因工会领袖与资本家妥协，失去了群众的信任。但旧领导者下台后，组织仍然健全，以前组织的邮务工人纠察队亦甚有力。其余粪夫工会、黄包车工会、救火工会等工作散漫，尚无多大成绩。

（4）海员工会。海员工会的力量大部分在日本船。中国船方面，起初仅限于沪粤航线一部分组织，至今年始全部组织起来。英国船不及日本船。海员工会委员会尚属健全。去年 9 月，因“江新号”轮船失火引起的海员大罢工，坚持一月余获胜后复工，因之工会的地位与威信愈益巩固，在上海是个有力量的工会。

（5）金属业总工会。以前称铁厂工会，公开后扩大组织，改为此名。去年沪东各铁厂如祥生、瑞熔的工会委员会均甚健全。南市的铁工厂工人俱乐部曾遭破坏分子捣乱，以后又恢复了原状。今年二月间，各大铁厂组织都健全起来，曾参加数次总罢工，步调均甚一致。本会公开后，受影响的群众增至二万余人。各铁厂及手工工人虽都有组织，但因未受过经济斗争的锻炼，在形势恶劣时，会员曾一度减至八千余人，但目前已逐渐恢复原状。

（6）手工业总工会。该会工人在去年五卅事件一周年纪念以前，仅有金银业工会及固本皂厂的工会。五卅一周年纪念以后，又向洋服、地毯、精益眼镜、皮革、人力车、麻袋等方面发展。香料业、帆布业皆自动地组织起来，加入本会。各工会中以洋服工会的发展最为迅速，罢工胜利后，会员增至百余人；改选后的执行委员会亦颇健全。其次，地毯工人亦因六月的长期罢工成立了组织，会员共六百余人；会员中很多北方人，具有坚毅不屈的性格；罢工结束后，又组织了俱乐部，其中并设立业余补习学校。金银业工会原有会员四百余人，虽经去年八月罢工的失败，但对本会仍有坚固的信任。这次事件以后，该会独自散发传单，揭发“工会组织统一委员会”的内幕。香业工会、帆布工会，自加入本会后即改良其组织，机构已甚为健全。本会公开后，在手工业工人中——如猪鬃、制墨、板箱、手织等工会，相继成立起来，手工业工会已增至五十四个，群众数万人，其中一小部分群众于四一二事件后被反动派拉拢，但绝大部分仍在本会影响之下。

（7）店员总工会。店员方面的组织在最近一年来颇有进步。店员的生活较产业工人更为艰苦，故经常罢工，要求增加工资、改善待遇。在去年 8 月至今年 2 月间不断的罢工斗争中，群众已进一步认识了建立组织的必要。华洋布职员公会于去年八月召开成立大会，会员增至四百余人，并创立“生产合作社”与“函授学校”。药业友谊会去年已有会员二千余人。其他如南货业、估衣业、典当业、煤炭业等工会都能维持原状。今年，店员工会更有巨大发展：五金店、纸烟店、绸缎业、酱园等行业的会员增至一万六千余人，受本会影响群众约占其三分之二。

（8）铁路总工会。去年五卅事件一周年纪念以前，因军警及工贼的反动，颇受压迫，领袖亦遭逮捕。十月间另派专人领导，至今年 1 月始臻健全，群众对工会的组织与教育颇感满意。在今年的三次总罢工中，工会的地位愈益巩固，尤以沪杭路及淞沪路的工会最为巩固。四一二事件后，因受反动派的残酷压迫，群众极度愤慨，彼等情愿放弃已获得之经济条件，希望最近掀起一次大规模的政治斗争。

（9）烟厂总工会。卷烟工厂中，小南洋、英美等厂去年已有组织，但至今年二月才健全起来。烟厂总工会三月始成立，南洋、华成、英美等厂的工会都甚健全。工会组织公开时，有工会组织的烟厂共九个。政局反动以后，南洋烟草公司的工会虽遭工贼破坏，但群众对本会仍有好感。英美、小南洋等厂的工会，仍在地下受本会的影响，努力进行斗争。

（10）建筑、化学、食品工会。这三个行业的工会去年虽稍有组织，但均由各区“工联”领导。本会公开后，为了便于领导才成立总工会。因不久受政局反动的影响，尚未十分健全，现又撤销，仍由各“工联”领导。本会公开后，面粉厂、肥皂厂、泥水匠、皮革厂等虽均成立工会，因未经斗争锻炼，组织散漫。

上海工人的斗争

概　论

上海是全国工商业最发达的地区，是全国工人最多的城市，也是帝国主义对中国经济侵略的中心。因此，上海工人阶级的一般生活状况更是苦不堪言：工资最少者每月仅三四元，在工厂中的待遇，犹如封建时代封建主对待奴隶一样。在这种情况下，上海工人过着奴隶般的生活，自然表现一种不满的心理与反抗的意识，甚至表现于行动。然而，上海的统治大权，一部分（租界）操在帝国主义手中，一部分操在军阀手中，他们都是受国内外资本家的委托，保护资本家的利益，镇压工人的反抗行动。因此，帝国主义租界内的工部局和中国军阀的警察厅，必然对工人改善生活的要求和斗争进行残酷的镇压。

上海工人最近一年斗争的经验教训证明，“工人欲获得彻底的胜利，必须进行政治斗争”。五卅运动以后，上海工人的团结已较前巩固，不安于现状，斗争勇气非常高涨，因此，在一九二六年六月间，经济斗争表现得异常活跃，遂促成了上海劳动争议的勃兴时期。当时，一方面劳动争议的背景是物价昂贵、生活困难；另一方面是有了团结巩固的工会作为斗争的武器。六月工潮中，工人的伟大的斗争力量，终于使顽固的资本家屈服，并阻止了官署不合理的干涉与压迫，获得了相当的胜利。如小沙渡纺织厂六月间的十七次罢工，只有两次未胜利。罢工的胜利，一方面鼓舞了工人斗争的勇气，巩固了工会的威信；另一方面引起了未组织起来的工人的羡慕和激动，迫切要求本身的团结和组织，并且消除了畏怯、消极和错误认识。

六月以后，上海工人的罢工斗争，仍然此起彼伏，继续不断，直至今年正月，纷纷而起的小规模罢工，稍有减少。概括一九二六年上海工人经济斗争的各种情况如下：

（1）大产业工人如纺织、缫丝等大工厂中工人的团结，较易坚固，所以资本家一施压迫，或日用品价格上涨时，极易激起罢工行动。只要工会领导得当，即能坚持下去，除了遭受极残酷的压迫外都是不得胜利不肯复工的。

（2）上海的手工业工人不像大产业工人那样集中，但其生活条件的恶劣，不次于大产业工人，因之改善生活的要求也是非常迫切。五卅事件以来，上海的手工业工人有了很好的组织。在去年 8 月的罢工高潮中，手工业工人往往能由一户联合一个行业全体罢工，提出经济要求及改善待遇的条件。虽然有胜利也有失败，但其团结斗争的精神都不断加强，并继续努力前进。

（3）上海店员在去年曾进行数次激烈的经济斗争，一般均获得一定的胜利。如典当业、估衣业、南货业、米业及商务印书馆职工、中华书局职工、先施、永安、新新三大公司等的大规模的长期的罢工，使资方不得不屈服于店员的团结力量，不得不承认店员提出的条件。因此，上海店员的经济斗争终于发展起来。

（4）此外如印刷、市政、烟厂、金银首饰、码头等工人，各产业都举行了几次的经济斗争，而且在每次斗争中大多数都增强了团结，受到了革命的锻炼。

综合以上各点，我们可以看出上海工人斗争的趋势：（1）上海工人在不断的斗争中更巩固了团结。（2）上海工人在不断的斗争中，认清了资本家的狡猾和帝国主义、军阀的残暴，从而具有了政治斗争的觉悟。（3）上海工人在不断的斗争中，认识和信任了本会是维护工人利益的组织；相信了全上海工人自己的团结力量。

上海工人既有了巩固的团结与明确的认识，为了彻底的胜利，斗争的方式必定从经济斗争转向政治斗争。大资产阶级是专靠压榨工人的血汗满足其发财的欲望的。他们看来，工人得到的一分利益，就是他们的一分损失。上海的政权只要掌握于帝国主义、军阀、资产阶级手中，就根本不会允许工人获得任何利益的。工人倾全力进行斗争的结果，资本家只是给工人增加些工资、承认几项改善生活的条件，仅仅这些，他们就认为已经是莫大的失败与耻辱，便随时开除工人领袖，千方百计拖延履行条件以图报复。只要政权是操纵在资本家及其代理人的手里，这些事实都是必然的。所以上海工人在斗争过程中得到了“必须夺取政权”的教训，因而，至1927年，上海工人即展开了伟大的政治斗争。这就是爆发了上海工人举行三次大罢工、积极驱逐旧军阀、反抗新军阀的原因；也是上海工人不得不领导各界人民致力国民革命、建立民主政权的原因。

工人驱逐直鲁军阀而得到的政治、军事胜利，被帝国主义的新走狗蒋介石用一千五百万元的代价出卖了。但是，这并未使工人阶级悲观失望，相反的，更巩固了工人的斗争意志。从革命的意义说来，人们从资产阶级代表蒋介石的反动行为中，认清了谁是革命者，谁是反革命者；需要革命的工人阶级与城市的小资产阶级巩固地联合起来，打倒资产阶级的走狗反革命分子蒋介石。因此，上海的工人阶级虽然屡遭压迫，但仍能继续准备更强大的斗争；如果时机一旦到来，失去人心的蒋介石自然是不难被打倒的。

1926年6月至12月之罢工条件统计表（第一表）①

月份	罢工条件						罢工条件之胜败											
							胜利						失败					
	政治	经济	待遇	工会	援助	共计	政治	经济	待遇	工会	援助	共计	政治	经济	待遇	工会	援助	共计
六月	4	56	54	2	1	117	12	23	22	1	0	49	1	33	32	1	1	68
百分比	3%	48%	46%	2%	1%	100%	6%	47%	45%	2%	0%	100%	1.4%	49%	48%	1.4%	1.4%	100%
七月	5	53	42	2	51	153	1	34	24	0	1	60	4	19	18	2	50	93
百分比	3%	34%	26%	1%	34%	100%	2%	56%	40%	0	2%	100%	4%	20%	20%	2%	56%	100%
八月	0	40	29	2	2	73	0	20	7	0	1	28	0	20	22	2	1	45
百分比	0	56%	39%	3%	3%	100%	0	75%	22%	0	3%	100%	0	44%	49%	5%	2%	100%
九月	3	28	15	2	3	51	1	26	12	1	1	41	2	2	3	1	3	11
百分比	6%	55%	29%	4%	6%	100%	2%	63%	31%	2%	2%	100%	19%	19%	24%	8%	24%	100%
十月	1	18	21	4	3	47	1	13	7	3	1	25	0	5	14	1	2	22
百分比	2%	40%	44%	8%	6%	100%	4%	52%	28%	12%	4%	100%	0	23%	65%	5%	17%	100%
十一月	0	19	10	2	2	33	0	5	4	0	2	11	0	14	6	2	0	22

① 编者注：表中数字相加不符，原文如此，未做改动。

续表

月份	罢工条件						罢工条件之胜败											
							胜利						失败					
	政治	经济	待遇	工会	援助	共计	政治	经济	待遇	工会	援助	共计	政治	经济	待遇	工会	援助	共计
百分比	0%	58%	30%	6%	6%	100%	0%	45%	36%	0%	19%	100%	0%	62%	28%	10%	0%	100%
十二月	0	39	50	5	3	97	0	15	27	1	1	44	0	24	23	4	2	53
百分比	0	40%	52%	5%	3%	100%	0	34%	62%	2%	2%	100%	0	46%	43%	7%	4%	100%
统计	13	233	221	19	74	560	28	138	94	28	7	231	7	117	118	13	69	33

1926年7月至9月罢工工厂名称及人数时间表（第二表）[①]

工厂名称	国籍	产业	罢工时日			参加人数
			开始月日	终止月日	共计时日	
日华一、二纱厂	日	纱业	7.24	8.29	34	4325
老怡和纱厂	英	纱业	7.26	10.13	7	4000
恒丰永地毯厂	华	手工业	7.19	8.6	17	51840
北大等三地毯厂	华	手工业	7.20	8.6	16	51840
义恒丰等六地毯厂	华	手工业	7.21	8.6	15	51840
海京地毯厂	华	手工业	7.21	8.19	28	51840
恒记地毯厂	华	手工业	7.23	8.6	16	51840
华昌祥等三地毯厂	华	手工业	7.23	8.6	13	51840
周义和地毯厂	华	手工业	7.25	8.6	11	51840
文记丝厂	华	丝业	8.1	8.6	7	2500
花旗烟厂	美	烟业	8.3	8.9	6	750
上海日报	日	印刷	8.2	8.3	2	25
新怡和纱厂	英	纱业	8.5	8.5	1	1500
中华书局装订部	华	印刷	8.7	8.30	24	700
义兴印刷局	华	印刷	8.3	8.5	3	45
中华书局总店	华	印刷	8.13	8.14	2	109
祥生铁厂	华	金属业	8.6	8.11	6	300
勤华布厂	华	布业	8.18	8.21	4	210
商务书馆（铁桦工）	华	铁业	8.20	8.22	3	24
内外棉第九厂	日	纱业	7.29	8.14	16	300
内外棉东亚五、七、八、十二、十五厂	日	纱业	8.20	9.17	27	8379

① 编者注：表中数字相加不符，原文如此，未做改动。

续表

工厂名称	国籍	产业	罢工时日			参加人数
			开始月日	终止月日	共计时日	
内外棉三、四、九厂	日	纱业	8.27	9.17	20	6500
内兴纱厂	日	纱业	8.28	9.14	12	2200
南北市装订工厂	华	手工业	8.28	9.8	10	2200
金银业十四家	华	手工业	8.28	9.7	9	12000
华新电车	华	电业	8.31	9.7	8	450
美华书局	华	印刷	8.6	8.19	13	150
内外棉十三、十四厂	日	纱业	8.26	9.10	14	2600
香叶店员	华	手工业	9.4	9.6	3	125
闸北清道夫	华	市政	9.1	9.6	6	267
中华印书局	华	印刷	9.6	9.11	5	136
冠生园	华	食料	9.10	9.11	2	550
新怡和纱厂	英	纱业	9.16	9.20	5	2000
南洋烟厂	美	烟业	9.18	9.25	8	450
日华纱厂	日	纱业	9.1	9.27	27	4325
开泰丝厂	华	丝业	9.13	9.20	7	1000
敬神纸业	华	手工业	9.20	9.22	2	50
三新纱厂	华	纱业	9.20	10.5	15	3000
上海一厂	日	纱业	9.27	10.1	4	1250
纬通纱厂	华	纱业	10.18	10.25	7	1480
恒丰纱厂	华	纱业	10.11	10.21	11	3500
祥泰木行	英	手工业	10.11	10.19	9	700
杨树浦自来水厂	英	电业	10.18	10.19	2	100
装订业三家	华	印刷	10.1	10.3	3	120

续表

工厂名称	国籍	产业	罢工时日			参加人数
			开始月日	终止月日	共计时日	
东兴印刷局	华	印刷	10.2	10.4	3	60
上海纺织一厂	日	纱业	10.24	10.31	7	1800
新怡和纱厂	英	纱业	11.14	11.19	5	1700
纬通纱厂	华	纱业	11.21	11.29	8	1500
天纶丝厂	华	丝业	11.20	11.23	4	400
隆茂栈码头小工	英	运输	11.1	11.2	2	1000
物华一二厂	华	丝业	11.21	11.30	9	1200
恒顺泰猪鬃厂	华	手工业	11.22	11.30	8	175
招商轮五船	华	海员	11.12	11.30	18	250
老怡和纱厂	英	纱业	11.30	11.30	1	4000
物华丝厂	华	丝业	11.21	12.6	15	1200
三新纱厂	华	纱业	12.2	12.6	5	3500
公文丝厂	华	丝业	12.4	12.5	11	3200
估衣业店员	华	店员	12.8	12.23	6	3000
法界电车	法	市政	12.21	12.24	5	605
震华纱厂	华	纱业	12.23	12.31	8	100
和丰船厂	华	金属	12.9	12.14	5	200
恒丰纱厂	华	纱业	12.15	12.19	5	3500
三新纱厂	华	纱业	12.27	12.29	3	1350
公共汽车	英	市政	12.28	12.29	2	345
押当业员	华	店员	12.28	12.31	6	1825
总计 97 家						737141

1926年6月至12月各企业罢工比较表（第三表）[1]

月份	参加罢工之企业及人数											罢工次数	罢工人数	罢工时间
	纱业	丝业	手工	印刷	店员	烟业	邮电	金属	码头	其他	共计			
6月	19	62	9	2	0	2	1	0	0	12	107	215	69556	3364622
百分比	17%	58%	8%	2%	0	2%	1%	0	0	11%	30%	195%		
7月	18	3	37	37	0	3	1	0	4	4	107	54	70497	663197
百分比	164%	25%	34.3%	143%	0	25%	1%	0	3%	3%	30%	30%		
8月	16	1	35	4	0	1	1	0	0	2	60	27	42737	10350396
百分比	26%	15%	58.5%	7%	1.5%	1.5%	1.5%	0	0	3.5%	17%	14.5%		
9月	17	1	17	2	0	1	1	0	0	2	41	19	42307	13431614
百分比	39.25%	2.5%	39.25%	5%	0	2.5%	2.5%	0	0	5%	14%	9%		
10月	5	0	2	1	0	0	1	0	0	0	9	9	15760	4194120
百分比	55%	0	2.25%	1.25%	0	0	11.25%	0	0	0	2.5%	5%		
11月	3	2	1	0	0	0	0	0	1	1	8	9	20225	794000
百分比	31%	23%	12%	0	0	0	0	0	12%	12%	2.5%	5%		

① 编者注：表中数字相加不符，原文如此，未做改动。

续表

月份	参加罢工之企业及人数											罢工次数	罢工人数	罢工时间
	纱业	丝业	手工	印刷	店员	烟业	邮电	金属	码头	其他	共计			
12 月	4	1	1	0	3	0	2	1	0	0	12	13	19410	2181740
百分比	31%	8.5%	8.5%	0	25%	0	16.5%	8.5%	0	0	4%			
统计	82	70	102	46	3	7	7	1	5	21	344	166	270492	40928689
百分比	24%	21%	30%	13%	21%	2%	2%	3%	13%	5.4%	100%	100%		

1927年的三次大罢工

（一）三次大罢工的环境及目的：

去年10月以后，本会鉴于北伐军事的进展及政治环境的变化，立即领导全上海工人进行了驱逐军阀、建立上海的民主政权、实现人民的自治等的斗争。第一、二次全上海工人的大罢工，发生于孙传芳、毕庶澄的势力崩溃，北伐军胜利之际，其结果达到了消灭军阀、实现民主自治的目的。本会亦于此时完全公开进行活动。不意历时未久，自甘出卖革命、残暴卑鄙的新军阀蒋介石，竟秘密勾结帝国主义与资产阶级，破坏本会会所，骗夺工人纠察队的枪械，屠杀工人、市民。我英勇斗争的上海工人突遭此野蛮残暴之迫害，怎能不愤怒？怎能不反抗？所以开始了第三次大罢工。这次大罢工的目的虽未实现，但上海工人阶级的强大势力犹存，一俟时机到来，上海工人将是打倒新军阀蒋介石的最基本的力量。

（二）三次罢工的详细情况：

甲、第一次大罢工。二月中旬，上海工人得到北伐军进驻杭州的消息，全都异常兴奋，愿奋起消灭军阀。这时本会召开了全上海工人代表大会，通过了全上海工人同盟罢工的决议案。至2月19日，本会应群众的要求，下令自当日正午十二时起举行同盟罢工，同时发表罢工宣言，提出十七条政治、经济条件。当时各报纸将政治条件报导的极为模糊，经济条件则刊载了全文。罢工共历五天，兹将每天的情况分述如下：

第一日（2月19日），因罢工命令发迟，多数工厂未接到通知，因而当日罢工者仅纺织、手工、首饰等行业共十万余人。

此外，市政、店员等仅有少数人罢工。

第二日（2 月 20 日），各方面工人全部接到通知，参加罢工人数大大增加。市政、电车、电业、自来水、邮政工人等二万余人；店员工会有先施、永安、新新等三大公司，商务印书馆、中华书局及药业、南货业、估衣业等三万余人参加。此外，纺织、印刷、首饰、手工、食品、建筑、运输、华洋、海员等行业的罢工人数，逐渐增加，各有数千人至数万人。第二日的罢工总人数达二十五万人以上。

第三日（2 月 21 日），群众情绪仍极高昂，租界地区的公共汽车、无轨电车，华界的自来水、电灯等工人均参加罢工。当日的罢工人数共达二十万以上。

第四日（2 月 22 日），因各方面对工人的压迫极为严重，有的请示本会拟先行复工，但此种情况并不多，大多数群众仍在坚持。

在罢工中，孙传芳的走狗李宝章加紧压迫。在大罢工后，反动的西山会议派张继等极力唆使李贼屠杀工人，并下保证请蒋介石委其为第三十三军军长。李贼乃悍然对上海罢工的工人进行血腥镇压，组织大刀队，屠杀罢工的工人及工人、学生组织的讲演队队员，任意加以逮捕，甚至在路上走的工人也被逮捕押送警察厅或龙华司令部。在罢工中惨遭李宝章杀害者共二十余人，被捕后生死不明者达三百余人之多。

罢工中的本会宣传工作。罢工后立即出版《罢工日刊》，并散发各种传单。第二日在各区选拔勇敢的工人组织传单队及讲演队，宣传此次罢工的意义及作用，并揭发孙传芳、李宝章的罪恶，以争取市民的同情与援助。

复工的原因。此次罢工纯系上海工人的政治斗争，其目的在于响应北伐军、加速孙传芳的崩溃、促进各阶级的革命群众建立上海的民主政治。罢工已达五日，北伐军尚未越过松江，工人对军事进展迟缓已有不安情绪，同时商、学各界亦劝告本会速命工人复工，养精蓄锐以待时机。本会亦认为在当时的情况下，毋须长期孤立坚持，可暂时忍痛复工，以减少牺牲，保全实力。所以于二月二十三日暴动失败后，向全体工人下令忍痛复工。

乙、第二次大罢工。二月二十三日以后，在前线的孙传芳军队继续溃败，濒于灭亡；孙传芳不惜奴颜婢膝亲赴济南求救于张宗昌。对江南垂涎已久的张宗昌认为时机到来，遂命毕庶澄、吴光新、褚玉璞等军沿津浦路南下，名为准备防线，实际目的是攫取南京、上海一带膏腴之地。但为时不久，孙、张军同时大败，北伐军一面进逼距上海一百零二华里的松江，一面进攻南京。这时，第二次大罢工的时机已告成熟。如前所述，本会第一次大罢工的复工，并非屈服，目的在于养精蓄锐，准备更大的斗争；故复工后立即认真整顿组织，加强宣传鼓动，以期工人及工会及时掌握局势，认清斗争的意义，在本会下令后，六小时以内一致罢工。当北伐军进攻至松江，本会立即召开“全上海工人代表大会”，通过了“实行总同盟罢工、驱逐直鲁军阀毕庶澄”的决议。轰动一时的全上海第二次总罢工，遂于三月二十一日上午十时开始。这次罢工的准备及组织均较上次大有改进，下令后只不过三小时，全市工人就完全罢工，较预计的时间六小时提早了一半时间。这次上海工人大罢工提出的“总要求”条件及罢工宣言，与第一次罢工时所提者略同。

罢工后，当日下午一时，本会命令各区纠察队率领工人，或赤手空拳，或持木棍、铁棒及少数持手枪，夺取了直鲁军和警察厅的武器，至下午四时，各区军警的武器全被缴收。本会为迅速恢复社会秩序及治安，接受了临时革命政府的决议，于二十三日下令全市工人复工。参加此次罢工的各行各业工人共达六十万人以上，行动整齐一致。工人的牺牲斗争精神，亦为空前所未有；死者百余人，伤者达四百余人之多。上海工人缴获的直鲁联军的武器，完全是用血肉换来的。工人拥有武装，即能防止反动派的侵害，保护工人阶级的利益，抵抗资本家的压迫。上海工人正在欢庆革命利益已有保障时，不意叛党卖国的蒋介石，受国内外资本家的指使，公然破坏全上海工人的总机关——本会会所，强夺全上海工人的保护者——纠察队的武器，因而又激起全上海工人的第三次大罢工。

丙、第三次总同盟罢工。四月十二日上午四时，本会的纠察队被缴械，本会会所遭破坏。全上海工人闻此消息后，无不悲愤痛哭，转瞬之间，集合十万余人举行示威，反抗新军阀的暴行。沿途高呼“拥护上海总工会”、“打倒压迫工人的新军阀”、“要求严惩破坏上海总工会的主谋”、“要求发还工人纠察队的枪械”等悲壮激烈的口号。游行至湖州会馆本会会所时，群众更激烈高呼上述口号。当时监视本会会所的军队惧而撤退，本会会所乃得收回。是日午后召集了“工人代表大会”，通过了“实行全上海总同盟罢工、要求发还工人纠察队武器”的决议；翌日罢工命令均已下达。实际上自工人听到不幸消息后，自动举行罢工者已达三十万人，及本会下令罢工，群众情绪更为激昂，全部罢工，参加人数远超过了第二次罢工。

四月十三日，参加闸北市民大会的群众达二十万人。散会后整队游行，赴二十六军司令部请愿。穷凶恶极的新军阀，竟悍然实行空前未有的大屠杀，在宝山路一带杀害工人及市民二百余人，逮捕三百余人，并第二次派兵占领本会会所。新军阀之残暴，可谓已达极点。

至四月十五日，本会为保存实力，养精蓄锐，整顿组织及巩固团结以图再起，下令上海工人于四月十五日全部复工。复工的意义与第一次大罢工时大致相同，说明工人阶级今后更应加倍努力，充实力量，联系各阶级的革命群众，与新军阀及反动派继续斗争。

第三次大罢工后，新军阀及反动派更为猖獗，出现了所谓“工会组织统一委员会”。该会一方面勾结资本家压制工人的经济斗争，另一方面专门逮捕工人领袖，指为赤化分子。被秘密枪杀者日必数十起。但是上海工人具有长期斗争历史和政治觉悟，始终愤恨和反对反动派的工会。他们更加信仰本会，团结于本会秘密组织之下，不断进行经济斗争，以继续争取自己的经济利益。现在本会正有计划地开展工人的经济斗争，以巩固群众对本会的信任，并且表明工人阶级反抗资本家与反动派的斗争，是任何压迫也不可能扑灭的。

上海工人生活标准调查表

产总			纺织总工会（一）							
标准工厂			统一（中）	内外棉（日）	新怡和（英）	同兴（日）	允余（中）	东方（英）	日华（日）	益申（中）
工作几时			12时	11时半	男女童 14 15 12	12时	11时	纱布 12 16	12时	9时
夜工 女工 童工			一样做	一样做	一样做	有时间	无	一样做	一样做	一样做
休息日有否工资			礼拜有	礼拜无	停工无	两次无	无	无	无	无
每日工资	男	最高	0.40	0.70	0.80	0.70	0.55	0.90	0.50	0.30
		最低	0.24	0.30	0.10	0.44	0.16	0.36	0.32	0.16
	女	最高	0.50	0.70	0.50	0.55	0.50	0.70	0.50	0.40
		最低	0.30	0.30	0.10	0.44	0.15	0.26	0.28	0.15
	童	最低	0.24	0.25	0.07	0.25	0.12	0.12	0.28	0.15
罚工		最高	2.00	1.00	1.00	2.00	3.00	完全扣	5角以上	无限制
		最低	0.20	0.30	0.05	0.20	0.20	0.20	—	0.05
赏工情形			0.40—0.10	每月6角津贴	不停工每周3角	每月8角米贴	0.10—0.40	无	两星期不停一工	每月一工

续表

产　总	纺　织　总　工　会（一）							
标准工厂	统　一（中）	内外棉（日）	新怡和（英）	同　兴（日）	允　余（中）	东　方（英）	日　华（日）	益　申（中）
工厂有无娱乐教育机关	无	无	无	无	无	无	无	无
工厂宿舍租金若干	月租6元住15人	月租6元住16人	无	月租6元住15人	月租5元住16人	无	工房每间4　元	每间8人不卫生
吃饭时有多少时间休息	无	无	无	30分	45分	无	1点钟	1小时
工人家庭状况	全家做工能维持	1人做工3、4人吃	穷　苦	1人做工4、5人吃	痛苦不堪	难维持	少数能维持	奇苦
工人死伤女工临产之待遇	无	女工生产20天休息	无	无	无	无	无	无
有否分红制	无	无	无	无	无	工人分最少　数	无	无
工人总数	2800	3030	4500	1960	970	3670	3850	216

续表

产总			市政总工会（二）						
标准工厂			自来水厂（英）	华洋电话（英）	公共电车（英）	清洁夫（中）	邮局	工部局电灯（英）	法商电车
工作几时			8时	9时	铜匠8时 开车8时半	8时	8时	9时	8时半
夜工 女工 童工			一样做	有	铜匠有		无	三班费	
休息日有否工资			无	有两次	星期半天 有工钱	无	无	无	无
每日工资	男	最高	1．30	月100元	1．34	0．14	2．70	2．00	0．70
		最低	0．40	10元	0．40		0．67	0．50	0．50
	女	最高		100元	0．50	0．14			
		最低		20元					
	童	最低	日0．27	日0．40	0．23	0．14			
罚工		最高	一工	无	卖票1元 铜匠2元	无	纪过9次开除	1元	5元
		最低		无	一工	无	纪过9次开除	一工	1角
赏工情形			无	无	开车每月2元3角	有酒钱	纪功	无	做25工有一工

续表

产　总	市政总工会（二）						
标准工厂	自来水厂（英）	华洋电话（英）	公共电车（英）	清洁夫（中）	邮　局	工部局电灯（英）	法商电车
工厂有无娱乐教育机关	有夜校	无	无	无	无	无	无
工厂宿舍 租金若干	无	无	无	无	无	无	无
吃饭时有多少时间休息	1小时	1小时	铜匠2小时	无	换班	1小时	1小时
工人家庭状况			铜匠较苦	困苦	可以	可度活	有妻尚可过活
工人死伤女工临产之待遇	无	无	无	无	因公死至多400元	病亡60元 公死200元	无
有否分红制	每年半月工资	无	新年双薪	有节钱	无	无	无
工人总数	500	2400	3000	2200	3000	3000	1300

续表

产总			（三）铁路	（四）店员		（五）烟厂		（六）手工业		
工会名称			沪宁铁路吴淞厂	烟兑业	先施	英美第三厂	南洋	裕昌火柴	制茶	猪鬃
工作几时			9时	18时	11时	10时	11时	10时	5时 6时	12时
夜工 女工 童工			夜工十余人			有	无	无	有女童工 无夜工	女工不做
休息日有否工资			每月四次有工资	无	星期纪念日	礼拜无工资	月二次无工资	无	无	无
每日工资	男	最高	2.00	0.40	1.00	0.80	1.50	0.60	0.90	1.00
		最低	0.50	0.05	0.35	0.40	0.45	0.27	0.20	0.50
	女	最高				0.90	0.80		0.20	0.67
		最低				0.36	0.20			0.30
	童	最低				0.32	0.30	0.40	0.20	0.26
罚工		最高	二礼拜			二元	十元		二元	
		最低	半工			二角	二角		五角	
赏工情形			无			无	有	无	无	无

续表

产　总	（三）铁路	（四）店员		（五）烟厂		（六）手工业		
工会名称	沪宁铁路吴淞厂	烟兑业	先 施	英美第三厂	南 洋	裕昌火柴	制 茶	猪 鬃
工厂有无娱乐及教育机关	无	无	无	无	无	无	无	无
工房租金	无	宿在店内	有宿舍不卫生	无	无	有白鸽笼免租	无	无
工人家庭状况	做工过活	多困苦	多无产	多困难	做工度日	苦不堪	可以生活	困苦
死伤及临产待遇			因公死二百元	有病医无恤	女工生产四元	无	无	无
吃饭休息时间	无			无	1 时	无	1 时	无
有否分红制	年底有花红	有稍许不定	由十元至百元	无	无	无	无	无
工人总数	3500	23000学徒在内	800	900	2430	400	500	130

续表

产　总			（七）化 学				（八）金属	（九）华洋	（十）工艺界
工会名称			美孚油	国民制糖	面粉厂	油厂	铁厂	洋务	中国影片公司
工作几时			8时	10时	10时	11时半	8时至10时	15时	10时
夜工　女工　童工			有	无童女工	无童女工	无	不定	有	无
休息日有否工资			礼拜无工资	礼拜半日	无	无	礼拜有工资	无	只新年有
每日工资	男	最高	2.00	0.40	0.50	0.60	1.00	1.17	1.00
		最低	1.20	0.38	0.30	0.40	0.40	0.32	0.20
	女	最高	0.80					1.00	
		最低	0.35					0.26	
	童	最低	0.50					0.26	0.20
罚工		最高	有		一元	一元	二元	全扣	
		最低			一角	二角	一元		
赏工情形			有	一星期不停加一天	年底有一月花红	无	无	年底加半薪	

续表

产　总	（七）化　学				（八）金属	（九）华洋	（十）工艺界
工会名称	美孚油	国民制糖	面粉厂	油厂	铁厂	洋务	中国影片公司
工厂有无娱乐及教育机关	无	无	无	无	无	前有现无	无
工房租金	不要租金	无	无	无	无	无	每间住四人
工人家庭状况	可以度日	做一天吃一天	四口一家可以够食	日做日吃	勉强	很困难	不好
死伤及临产待遇	无	有医药费	无	无	无	无	
吃饭休息时间	1 时	1 时	无	30 分	无	半时	
有否分红制	无	无	年底 1 月	有	无	无	有
工人总数	820	250	596	3110	3000	8000	2500

（中华全国总工会中国工人运动史研究室编：《中国工会历次代表大会文献》，工人出版社，1984 年，第 186–241 页）

关于中华全国总工会会务报告的决议案*

一、中华全国总工会第二届执行委员会在过去一年中，对于全国工人阶级政治的、经济的斗争，有适当之指导，如引导工人参加北伐斗争，反对借口北伐牺牲工农自由的斗争，省港罢工停止武装封锁，上海三次暴动，指示各地不断的做改良生活运动，以及全国一致罢工一小时作反帝国主义武力干涉中国之表示等。大会认为第二届执行委员会，确能认清革命的环境与时机，完全站在工人阶级利益上领导工人阶级向前奋斗；一切政策都是对的，大会非常满意。

二、全总在广东时，曾发展广东各县及南洋各埠之工会组织。北伐后，又加紧发展湖南、湖北、上海、河南之工会组织；及迁鄂后，又陆续发展江西、安徽各地之工会组织。有组织的工人之增加，有惊人的地步：第三次劳动大会人数一百二十万，现在已增加到二百九十万。大会非常满意的。

三、第二届执行委员会常务委员，往往因客观需要分散各地，以致会中技术工作，不能完备。大会责成下届执行委员会纠正此项缺点，必须集中得力人员住会办事，对各地应有经常之指导。中华全国总工会成为健全机关，尽他伟大的指导责任。

四、各地工会、各产业工会对于中华全国总工会，绝对表

* 本文原载一九二七年七月八日出版的北京《晨报》。

示拥护与信任。全国工人阶级誓立在中华全国总工会旗帜之下，谋得阶级的完全解放。法西斯蒂与改良派之上海工会组织统一委员会及广东总工会，有另组全国总工会逆谋，大会赞成各地一致反对。

五、第二届执行委员李森、何耀全、邓培、刘尔崧、戴卓民诸同志，被反革命派所杀，大会誓愿为诸烈士复仇，继续其精神奋斗。

（1927年6月23日通过）

（中华全国总工会中国工人运动史研究室编：《中国工会历次代表大会文献》，工人出版社，1984年，第242–243页）

政治报告决议案*

国民革命的前途和工会的任务

一、大资产阶级的代理人蒋介石在叛变革命以后，已成为反革命的中心。蒋介石不仅与帝国主义妥协、封锁武汉、勾结奉系军阀，以图夹击武汉；并且勾结少数专事煽惑的叛徒夏斗寅、杨森、许克祥等，乘机捣乱，散布谣言，以图破坏革命的工农小资产阶级的联合战线。这个反革命的祸首如不彻底铲除，将是革命前途的严重阻碍。因此，大会认定工人阶级当前在政治上最大的责任是：联合农民、小资产阶级及一切革命人士，向反革命的中心英勇进攻，务于短期内将其彻底消灭。反革命的中心不只是蒋介石一个人，大资产阶级、买办、大地主等已经结成了一个反革命的联盟。因之，那种一方面进攻蒋介石，另一方面又想与大资产阶级联合的企图，是毫无意义的。工人阶级必须团结起来，打破这种幻想。

二、大资产阶级破坏革命的最阴险的政策是散布流言，在小资产阶级中大肆宣传，以动摇工农小资产阶级的革命联合战线。如最近流传的所谓工农运动“过火”的论调，就是大资产阶级煽动小资产阶级的主要口号的一例。国民革命是以群众的

* 本文译自日文一九二九年十一月出版的满铁调查资料第一百零九编《中国无产阶级运动史》。

力量而摧毁封建制度的基础，因而在革命过程中，群众的激烈的革命行动，在客观上是必然要出现的。如果指摘群众的革命行动为“过火”，即无异是否认革命。因此，大会认为必须对大资产阶级宣传的这些流言蜚语，坚决予以驳斥。

三、最近在国民政府统治的区域内，到处发生屠杀工农领袖及群众，压迫工农组织，制止工人运动等事件。这都是大资产阶级破坏革命的阴谋。国民政府对这些事件尚未断然为工人处理，大会对此深感遗憾。为此，除了提醒全国工人阶级及全国人民对这些事件的重视，提出严正的抗议外，并要求国民政府对这些反革命分子以严厉的惩办。

四、为了进一步推进革命的发展，必须全力巩固工、农、小资产阶级的联盟。因此工人阶级当前的任务是：

第一，向帝国主义、军阀、买办、大资产阶级进行猛烈的攻击，粉碎反革命的封锁，铲除工商业发展的障碍；

第二，巩固自己的组织，壮大自己的力量，纠正过去非组织的行动。

对于手工业工人、店员的经济要求，应当照顾小资产阶级经济条件的可能性；只有这样，才能进一步巩固工农小资产阶级的革命联盟，加强工人阶级革命的领导作用。

五、农民的斗争已经动摇了封建制度的基础。但近来封建地主和土豪劣绅利用少数叛徒、土匪大举反攻，造成各地的惨案，摧残各地的农民运动，这是当前国民革命中最危险的现象。因此工人阶级应积极支持农民，消灭一切封建势力；只有立即使农民获得土地，解决土地问题，才能从根本上摧毁一切封建势力的基础。所以支持农民获得土地的斗争，乃是工人阶级在国民革命中最大的责任。

六、自国民革命进展以后，工人阶级虽然得到了组织工会的自由，但是工人阶级的生活因物价高涨，不仅毫无改善，甚至更趋下降。因而大会要求国民政府颁布劳动保护法、规定八小时工作制，并适应物价的上涨，不断地增加工资。只有这样，工人的生活才有保障，并且随着革命的进展而有所提高；只有这样，国民革命的成功才能给一切被压迫的民众带来利益。

七、中国革命必须以工农小资产阶级联盟的力量，消灭一切反动派，建立工农小资产阶级的民主专政，然后将一切帝国主义手中的企业，及关系国计民生的重要企业收归国有。这样才能彻底完成国民革命；这样，国民革命才能走向非资本主义的前途。目前有不少人希望中国革命是资本主义的胜利，这在实际上是帝国主义的胜利；帝国主义将以资本输出来控制中国的经济。我们必须对这种倾向坚决斗争。

八、北方的工人运动，特别是铁路工人在中国工人运动史上占有非常重要的地位。过去一年中，全国总工会对北方的工人运动重视不够，是非常错误的。目前奉系军阀即将崩溃，北方的工人运动已进入了极端重要的时期。我们必须特别重视北方的工作，争取在最短期内广泛的发展起来，以完成在北方的任务。

（中华全国总工会中国工人运动史研究室编：《中国工会历次代表大会文献》，工人出版社，1984 年，第 244-246 页）

组织问题决议案*

最近政治形势日趋复杂。很多工厂主和企业主在帝国主义的指使下，向工人阶级的组织进攻。他们一方面以封闭工厂的政策，迫使工人陷于长期失业的痛苦中饥饿待毙；另一方面又利用工人十分困难的处境，施以政治和经济的双重压迫，以绞杀工人阶级的革命。这些事实，给我们的教训是：必须将工人阶级的队伍整顿为巩固的统一的组织；必须用适当的方法，吸收骨干分子参加工会工作，在群众中开展有力的活动；将各分散的工会集中起来，组成革命的战斗团体；必须领导全体工人阶级团结一致，反对压榨工人的剥削阶级，消灭国内外一切反动派。工人阶级为了完成这一重大任务，只有吸收广大的工人群众参加工会；工会领导机关深入群众，与他们共同研究各种重要的事件，讨论有关工人斗争的方法等问题；在斗争中培养提拔有能力的工人参加工会活动。只有这样，才能使工会组织健全有力，进而与国际工人结成联合战线，共同斗争。

根据以上的形势，第四次大会特别注意工会的组织工作，在组织工作上提出以下几个原则：

一、中国工人运动发展到今天，工人阶级的组织虽大有进步，但第二次及第三次劳动大会通过的关于组织决议案，到现

* 本文译自日文一九二九年十一月出版的满铁调查资料第一百零九编《中国无产阶级运动史》。

在尚可以适用。

二、工业非常落后的中国，除几个大工业区有广大的产业工人以外，各地的工人大部分为手工业工人及店员。

中国工人总数若是一千二百万，其中手工业工人及店员即占九百万。因此中国的工人运动大部分为手工业工人和店员的运动。现在中国有组织的工人已达二百九十万，工会的组织从大产业工人发展到小城市和县的手工业工人和店员，因此，手工业工人和店员的组织工作，是今后工会组织工作中最重要的问题。我们须研究这个问题，以便消灭工人运动内部的许多纠纷。手工业工人和店员特别容易发生以下几个问题：

1. 行会性质特别浓厚，一旦成立工会，即拒绝外来的同业工人参加工作；苛待学徒；入会费很高；行业界限特别鲜明；经常企图剥削其他行业的劳动者；非常保守，仅将自己的技术传授给子孙，并有反对机器的倾向。

2. 地方的帮口界限严重，难与外地工人团结，时常发生冲突。

3. 工人的住址和工作地点分散不固定；许多工人从事流动性的劳动。

4. 各雇主的经济状况不同。工人若提出一样的要求，有的雇主有能力承认，而有的雇主则无力接受，并会因此而引起雇主间的剧烈竞争，使一般小雇主迅速破产没落。如将工人的要求划分为若干等级，大雇主就以承认工人的要求，来挑拨工会内部的纠纷，引起工人的不团结。

5. 工会训练、教育会员特别困难。

在同一工作范围内与其他工会发生冲突，或一个企业内部发生或存在着互相仇视的现象，必将削弱工人阶级斗争的力量，而对资本家有莫大的利益，对工人阶级则将遭受严重的损失。因此，上述的各项指示，应引起全国工会工作同志的特别注意。同时，手工业工人和店员的生活状况非常痛苦，他们的大多数仍被奴役在封建的雇佣关系之下，各地必须积极地帮助他们发展组织，保护他们的利益。尤其是非工业区的手工业工人和店员，他们是该地区无产阶级的代表，更需要重视他们的组织问题。在手工业工人和店员工会中固然须与行会主义、帮口组织进行斗争，但也不能按照产业工人的方法进行组织。我们应按照他们的职业和过去的组织习惯作为组织的原则；必须采取一种联合的组织形式，将各帮口的工人都吸收在工会内，逐步加强工会的权利，消灭帮口的权利，引导其向产业组织的方向发展。同时必须反对手工业工人与店员以作坊或店铺为单位组织工会，或一个作坊、一个店铺内的工人参加两个以上的工会。大会委托下届执行委员会颁布手工业工会及店员工会组织大纲；并认定上届执行委员会颁布的各县及特别市的组织大纲也是适当的。

三、各地工会组织虽有进步，但尚存在着某些散漫、混乱的状况。大部分工会仍未在群众中建立稳固的基础。今后必须通过以下的方法，集中工会组织，使工会在群众中建立巩固的基础。

1. 在各大城市联合产业性质相近的各工会，组成当地各种产业总工会。尽可能地将得力人员、工作职权及经费集中在这些产业总工会，以消除散漫、混乱的状况。加入产业总工会的手工业工人组成地区或街道委员会，直属产业总工会领导。

2. 各工会设立由工人群众选出的常任代表会；规定代表的职权；每月召开一定的会议。

3. 严密的组织工厂委员会或街道委员会，各委员会认真的开展活动，在群众中发挥其作用，使其成为群众的首脑和核心。

4. 反对法西斯及其他破坏工会组织统一的企图，坚持打倒反动派组织的伪工会。

四、工人的斗争和组织，两者应相辅而行。工会组织活动得好，能加强斗争的力量，而通过斗争又能壮大工会的组织。没有经过斗争锻炼的工会，不能健全组织；而没有组织健全的工会，也决难开展有力的斗争。我们反对只有等待组织训练健全后再开展斗争的意见，认为工人必须在各种政治和经济的斗争中巩固自己的组织。我们必须牢记，只有在技术上有了充分的准备后，才能使工会的组织和斗争取得伟大的效果。各级工会必须充分进行工会技术的训练。

五、为了集中工会的职权，免除组织上的混乱，特将全国总工会的组织系统确定如下：

（一）全国总工会——各省总工会——
- 各县总工会——
  - 各市总工会
  - 各业工会或支部
- 各特别市总工会——各业工会

（二）全国总工会——各全国产业总工会——
- 各省产业总工会——各工会
- 各特别市产业总工会——各工会

各地方产业总工会加入各地方总工会，有关地方的问题受地方总工会的领导；有关产业性的问题受该产业的上级总工会领导。各工会只向其直属上级总工会缴纳会费。下级工会服从上级工会的领导。

六、由于中国革命运动的突飞猛进、国内战争的延长、各地政治形势的不断变化，因而工会的组织也经常由公开转入秘密、由秘密转为公开。工会在由秘密变为公开的期间，应很好的注意以下各点：

1. 规定各产业总工会的组织范围，设立各产业总工会的组织委员会及其筹备处。根据过去的经验：开始组织时，如果是有计划地自上而下的组织广大的工人群众，就较为容易地将工会的组织集中统一起来。

2. 迅速颁发工会的组织大纲、工作计划及其他各项章程表册等。

3. 进行充分的技术工作的准备，取得对群众的领导地位，以及工会的社会地位。

4. 应严格防止因纠缠在组织手工业工人和店员而放弃了产业工人的组织。应设法防止手工业工人和店员在社会上或与其他工人发生不必要的冲突。组织手工业工人和店员的委员会，专门处理他们的一切问题及纠纷。

5. 当群众已团结于工会之内，应准备经济斗争，在斗争中加强组织，使工会真正成为群众的领导者。

6. 童工和女工也应同样吸收为工会会员。除教育训练童工、女工的组织（如童子团）外，不得有其他女工、童工的组织。工会执行委员会也应吸收童工、女工参加。工会中的女工及童工委员会只筹划有关维护女工、童工的利益，训练、教育及调查其生活状况等事宜，一切斗争与行动不得脱离工会单独进行，须极力避免组织女工、童工的孤立的斗争；要严格防止把教育训练女工的组织，变成领导斗争的机构。有女工、童工的工会，应认真为童工、女工的利益而斗争，否则，教育训练他们的机构，可能会变成领导斗争的机构。

七、中国工人运动的发展，已进一步与工人阶级的敌人短兵相接，并已由单纯的经济斗争发展成为政治的武装斗争，因而工人的武装组织更为重要。兹列举武装工人的方法如下：

1. 动员觉悟高的工人参加军队或军事学校。

2. 组织工人武装纠察队。

3. 组织秘密的工人武装队。

4. 组织工人义勇队，在工余时进行武装训练。

应特别注意工人纠察队的纪律，并以军队的组织为标准。工会在指挥纠察队时应特别谨慎。

八、工会会费每月以会员的半日工资为原则。下级工会向各直属上级工会缴纳的会费，其数额以该会收入的百分之十至二十为标准。工会应将会费的百分之十至二十作为工会基金及失业救济金等。

九、在地域广阔、交通不便的中国，各地的政治形势经常变化，因此希望组织健全的全国总工会事实上甚为困难；但目前中国的工人运动迫切需要全国各产业总工会及健全的全国总工会进行领导。全国除海员、铁路、邮政已有全国总工会的组织外，其他纺织、印刷、矿工、电报、金属等工会须于最短期内建立全国总工会的组织。中华全国总工会必须竭力健全各产业工会，以领导全国的工人运动。内河的木船及帆船工人应以河流为单位组织工会，并只准木船工人加入，不得组织某省、某县的工会。

十、大会委托上届执行委员会向全国宣布广东机器工会及江西景德镇等地的反动派武装进攻工人的罪行，使全国工人及社会人士知道反动派摧残工人、破坏工会组织的真相。

（中华全国总工会中国工人运动史研究室编：
《中国工会历次代表大会文献》，工人出版社，
1984年，第246-251页）

经济斗争决议案*

最近几年来，中国工人群众为反对帝国主义、国内军阀及反动派，进行了激烈的斗争。这个激烈的斗争就是我们工人阶级要求生存的斗争。我们中国工人为了解除全国人民被压榨及受着无人道的剥削和奴役，为着全国人民的自由解放的胜利，不知有多少兄弟姊妹遭到牺牲。由于我们中国工人的牺牲奋斗，把中国革命推进到今天的地步，给了反动派以严重的打击。但是，革命仅仅获得部分的胜利，我们工人的生活依然如故。中国工人为了改善痛苦的生活，急需进行改善生活的经济斗争。

第一、二、三次劳动大会的经济斗争决议案曾指出："经济斗争是工会组织的经常工作"、"经济斗争也是政治斗争；政治斗争的胜利才能保证经济斗争的胜利"。从全国普遍的事实中已明显的证明了这些决议的正确。

经济斗争的胜利，不是单纯获得多少经济条件，而是决定于这些经济条件是否在工人的实际生活中得到实现，工人的日常生活能否根据新的条件得到改善，以及工人的日常生活能否获得新的改善。

经济斗争不仅是工人改善生活的一种行动，也是工人阶级获得斗争胜利的一种教育和训练。工人固然由于经济斗争的结

*　本文译自日文一九二九年十一月出版的满铁调查资料第一百零九编《中国无产阶级运动史》。

果，生活得以改善，同时在斗争的过程中，也教育和提高我们工人争取解放的力量。各工会必须记住在经济斗争中训练和教育工人。

第三次劳动大会以后，全国工人在革命发展的过程中，经历了广泛的普遍的经济斗争。这些斗争要求的综合，也就是全国工人阶级急需的经济斗争的总要求。这个总要求的要点就是：

（1）必须立即规定全国工人实行法定的劳动时间。

（2）适应社会经济的变化，规定最低工资标准，并按照物价规定工资增加的比例。

（3）为了保障工人的生活条件，对不可避免的疾病、死伤、失业、衰老等，实行社会劳动保险。

因此，第四次大会通过以下三个决议案：

一、产业工人经济斗争决议案

（一）工作时间

1. 新型的产业工人立即实行八小时工作制。

2. 为保护工人身体健康，特别是在繁重和危险的产业工作部门，工作时间要减至八小时以内，如冶炼业、矿山、有毒的化学工业等。

3. 任何工人每周均应有连续二十四小时以上的休息时间。

4. 除每周的休息日外，政府与全国总工会协议，规定每年一定的纪念日、节日的休假。

5. 因社会治安及革命需要等特殊原因，须在法定时间外加点时，限在两小时以下；每月不得超过二十四小时，并须加倍发给工资。

6. 每天工作中休息时间为一小时以上。

7. 工厂夜班较昼间工作时间缩短一小时，但应发给同额的工资；如因特殊事情而不能减少时，对应减少的时间发给加倍的工资。

8. 给工人每年连续一周的休假，并照发工资。

9. 星期天、纪念日、节日休息，照发工资。

（二）工资和雇佣条件

10. 政府根据当地物价，规定工人的最低工资标准，并规定童工的最低工资标准。

11. 政府与工会共同规定工人工资增加的比例。

12. 工资应以现款为标准，每周支发，直接发给工人，不得以实物代替。

13. 雇用工人时应订立劳动合同，规定劳资双方须遵守的条件。

14. 工人退职时，至少发给一个月的退职津贴；并应根据工作年限及每月工资数额，适当增加。

（三）童工及女工的保护

15. 不许雇用十三岁以下的儿童。

16. 十六岁以下的童工工作时间限制在六小时以内。

17. 禁止使用女工和十六岁以下的童工从事有害健康的化学工业、坑下劳动及繁重的劳动。

18. 禁止使用十六岁以下的童工及女工从事夜班工作；由于特殊情况而雇用女工做夜工时，应加严格的规定。

19. 在任何情况下，不得使用孕妇及哺乳的女工做夜工。

20. 女工产前产后给八个星期的休假，并照发工资。

21. 对有乳儿的女工，除普通休息时间外，每三小时应给三十分钟的哺乳时间。

22. 童工、女工与成年工做同样工作时，应得同额工资。

23. 专用女工的工厂，须设幼儿院。

24. 女工因生理关系，每月除星期日外另给三天的休假日，照发工资。

（四）劳动保护

25. 所有重工业、化学工业、有害健康工业的工人，每年给一个月的休假，照发工资。

26. 一切企业机关对有危险性的工作岗位，应有充分的防护设施，并注意卫生工作。

27. 各种机器均须有安全装备。

28. 各工厂必须有通风除尘等设备，以畅通空气、防止尘埃。

29. 各种污秽有毒的工厂，须供给工人工作服，并建立其他预防设施。

（五）医疗及劳动保险

30. 企业主为工人设立诊疗医院。

31. 工人因病在三个月内不能工作时，仍照发工资。

32. 因工受伤时，除发给医药费外，照发工资。

33. 因公切断手足残废时，终身发给原来工资。如能从事适当的工作时，仍发给原来工资。

34. 政府设立劳动保险局，由资本家每月缴纳工资总额百分之三为基金，此外政府从预算中拨出若干，以充做工人失业救济及养老金。

35. 工人病死时，按照其工资的三倍发给家属作为抚恤金。

36. 因公死亡时，资本家按死亡工人原来工资发给其子女抚恤金，至年满十六岁止。子女满十六岁后，按死亡工人原工资的三分之一的比例终身发给其妻子。

37. 年老残废者，由劳动保险金中发给终身养老金。

（六）学徒的待遇

38. 禁止使用十三岁以下的儿童当学徒，学徒期限不能超过三年。

39. 学徒的工资，第一年为普通工人最低工资的三分之一；第二年为二分之一；第三年为全额。

40. 工资直接发给工人本人。

41. 各企业须逐渐废除学徒制度，设立艺徒学校。

42. 禁止使用学徒为私人劳役。学徒在工作时间外完全自由。

（七）改善待遇

43. 禁止辱骂、殴打；禁止对女工的侮辱；禁止为私人劳役。

44. 废除罚款制度。

（八）实现以上条件的保证

45. 为实现以上最低限度的要求，政府须在最短时间内颁布劳动法。

46. 工会为改善工人的经济地位，须继续进行经常的经济斗争。

47. 为了取得工人的经济利益，工会和企业主之间必须订立合同。

48. 工会须在短时期内，根据经济要求大纲与资本家缔结合同。

（九）解决劳资纠纷

49. 一切劳资纠纷按照下列方式解决：

（1）工会与资本家谈判；

（2）调解或提请裁判；

（3）罢工。

二、救济失业工人决议案

第四次劳动大会认为，必须迅速认真的救济失业工人。兹列举当前的办法十四项如后：

1. 国民政府每月拨出经费作为失业救济津贴。

2. 失业津贴不能少于原工资的一半。

3. 失业津贴的来源。

（1）政府支付。

（2）雇主出款及在各种税款上附加一定的百分数，作为失业救济费。

4. 有关失业救济组织及经费等一切事项，由政府劳工部在各地设立机构承办。

5. 为迅速救济失业，政府须设立疗养所、宿舍和食堂。

6. 除发失业津贴外，限制工厂、作坊及商店解雇工人，以减少失业。工会也要密切监督工人及其领袖的行动。

7. 工会必须对雇主随便开除工人的行为进行严正的斗争。

8. 工厂、作坊、商店增加人员时，须征得工会的同意。

9. 政府劳工部迅速设立劳动职业介绍所。

10. 劳动职业介绍所登记所有的失业工人。介绍所与工会共同努力为失业工人介绍职业。

11. 失业津贴经介绍所发放。

12. 工会与介绍所要有密切的联系，因此任命介绍所的负责人，须经工会的同意。

13. 要求政府补助将破产的企业，并资助新企业的发展，以防止失业，救济失业。

14. 目前失业工人很多是由于外国公司、工厂封锁武汉的结果。大会委托下届执行委员会立即向全世界无产阶级呼吁，救济中国的失业工人，援助中国工人的反对帝国主义运动。

三、手工业工人经济斗争决议案

在工业落后机器生产尚不发达的中国，除了上海、汉口等工业中心和铁路、矿山等的机器产业工人，及天津、广州、浙江、河南、直隶等省市一部分轻工业的机器产业工人以外，全国各市、县、乡的工人都是工场手工业或手工作坊的工人，同时在雇佣劳动上店员中的大部分是附属于手工业者。

这种遍及全国的手工业工人及店员的生活状况与劳动关系仍是沿袭中国数千年的封建制度的主仆关系。近年来，由于帝国主义的经济侵略和大资产阶级的压迫和垄断，手工业者日趋破产，手工业工人的生活愈加贫困。

手工业者或中小商人，是在数千年封建制度的思想习惯中寻求生存的，因而，对手工业工人的劳动条件和生活条件，是以封建制度的惯例为标准，工商手工业者专门以剥削工人来寻找出路，并未想到他们的破产是由于大资产阶级和帝国主义的压迫，只有和工人联合起来打倒大资产阶级和帝国主义才有前途。他们一味加重对手工业工人的剥削，其结果不仅工人的劳动待遇和经济条件无从改善，相反却更加巩固了反动落后的社会经济制度的基础，因而更不能促进民主革命力量的发展。这更有助于资本主义的大资产阶级、买办资产阶级、帝国主义等垄断中国社会经济；不仅不能促进国民革命的完成，反而在社会上阻碍国民革命的进展。

现在，一般人对“工商联合”的观念非常错误，认为“工商联合”只不过是工人为改善生活向工商业者提出种种要求；而不懂得“工商联合”的革命利益，在于联合工人与中小资产阶级的力量，打倒压迫剥削工人和中、小资产阶级的大资产阶级、大地主、贪官污吏、军阀、帝国主义，以增加工人和中小商人、手工业者的利益。

工人为改善生活提出的经济要求，从革命意义上说仅是最低的要求。工人的经济要求决不妨碍“工商联合”。工商业者的利益，并不在于更多的剥削工人，而在于打倒阻挠他们利益增长的大资产阶级、贪官污吏、军阀和帝国主义。革命的“工商联合”不是要工人在经济要求上让步来换取“工商联合”，而是取消一些不适当的要求，由工商共同巩固自己的地位，建立“工商联合”。因此：

（一）为争取改善全国所有手工业工人的生活，必须加强手工业工人的经济斗争。

（二）为促进民主革命势力的发展，全国手工业工人应反对封建式的主仆关系、劳动待遇，深入开展经济斗争。因此，手工业工人的经济斗争，在今后中国工人运动中将占有重要的地位。基于上述的需要，第四次劳动大会规定手工业工人的要求为：

1. 规定每天工作时间在十小时以内；每周应有连续二十四小时的休息。

2. 规定最低工资标准，并按物价的增长增加工资。

3. 改善学徒制度：

（1）学徒期限最长为三年。

（2）不得雇用十三岁以下者当学徒。

（3）学徒工资：第一年应相当于普通工人工资的五分之一以上；第二年为五分之二；第三年为二分之一；第四年为普通工人的最低工资。

（4）工作时间八小时。

（5）在工作时间外完全自由。

（6）禁止雇主、工头辱骂、殴打学徒及为私事役使学徒。

4. 学徒疾病、死伤时，由店主负担医药费。养病期间的工资照发。因公或在学徒期间死亡时，发给治丧费，并按工作年限抚恤：

一年以内者一个月的工资；

二年以内者两个月的工资；

三年以内者四个月的工资；

四年以内者六个月的工资；

五年以内者八个月的工资；

十年以上者一年的工资。

5. 不得无故解雇。

6. 包工合同与工程任务应向有关工人公开。

7. 手工业工人得享受劳动保险的利益。

8. 签订劳动合同，规定双方应遵守的有关劳动条件的权利和义务；并要求政府制定商店法、手工业劳动保护法。

（中华全国总工会中国工人运动史研究室编：《中国工会历次代表大会文献》，工人出版社，1984年，第251—259页）

反对法西斯主义及对法西斯工会斗争决议案*

中国工人运动一开始即进入反帝国主义、反军阀、反资产阶级的政治斗争。从五卅运动到北伐期间，全国的工人运动得到了空前的发展，推进了民族革命运动在群众中深入普遍的发展，从根本上动摇了统治阶级的基础。

统治阶级——帝国主义、军阀、资产阶级于是即向工人联合进攻。他们进攻的唯一工具，就是利用一部分落后的工人和流氓等组织的黄色工会，扰乱工会的组织系统，以暴力捣毁工会，组织法西斯工会（如□□□改组的广东工会及上海的工团联合会）。

统治阶级的军队借口工会内讧，妨碍革命，进而利用青、红帮会匪等组织法西斯工会，如东南的中华共进会；以蒋介石为首的资产阶级代理人的军队与会匪合力，以政治暴力解散工会，组织御用的黄色工会；同时与厂主勾结，对工人的言行加以“赤化”的罪名，判处死刑，并且公开派遣军队到工厂中搜捕工人领袖；另一方面工厂主亦大批解雇所谓活动分子。这样厂主、会匪、流氓、刽子手、警察及军队等结成了反对工人阶级的统一战线。在这种形势之下，反对法西斯主义就成为工人阶级今后最重要的任务。然而，我们究竟应该如何反对法西斯

* 本文译自日文一九二九年十一月出版的满铁调查资料第一百零九编《中国无产阶级运动史》。

主义和法西斯工会呢?

一、打倒蒋介石。资产阶级的代表蒋介石，是背叛了革命与国民党、公开与帝国主义勾结的唯一的法西斯魁首。他指挥各地的反革命派，屠杀革命领袖。我们必须列举事实，宣布蒋介石的罪状，打倒蒋介石。

二、反对法西斯工会。我们必须在各地坚持革命的组织，坚决实行我们的革命政纲，在任何情况下不让工人加入法西斯工会，否则就是在政治上投降敌人。我们必须领导群众与法西斯工会斗争，消灭法西斯工会。

三、争取已加入法西斯工会的觉悟不高的群众。法西斯工会能够深入群众是靠了一时的欺骗。我们必须在法西斯工会的会员中进行宣传，吸引群众站到我们方面来，以破坏法西斯工会的组织。

四、重视经济斗争。在白色恐怖期间，我们必须重视经济斗争，使工人从切身的体验中，认识到法西斯工会是不能维护工人利益的。

五、武装工人与刽子手斗争。除工人纠察队以外，必须还要有特殊的工人组织，以对付法西斯凶手与法西斯的恐怖。

六、巩固自己的组织。与法西斯的欺骗斗争和争夺群众的最重要的手段，是积极的巩固“地下工会”的组织，工会与群众要建立巩固的密切的联系。

七、出版反法西斯的刊物。在存在法西斯工会的城市，要出版长期的秘密刊物，不断的揭露法西斯工会的本质。

八、在工厂中与法西斯斗争。特别是在重要的工厂、作坊与法西斯工会代表的斗争，必须采取适宜的方法和手段，其中重要的是通过群众本身的行动，迫使法西斯工会的代表在工厂、作坊中没有存在的余地。

九、争取工会合法化的斗争。工人阶级和工会无论遭受任何摧残，全国各级工会即在不能公开活动的省域内，亦必须利用种种方法，为争取工会的合法化而进行斗争。

第四次全国劳动大会强调指出，反法西斯斗争的胜利，必须是把所有反革命悉数灭尽。只有消灭一切新旧军阀（张作霖、蒋介石、□□□），实行大工业、银行的国有化，把地主的土地分配给农民，建立农村的民主政权，与城市小资产阶级密切联系，彻底实现中国的伟大革命，中国工人阶级才能获得自由与发展。

（中华全国总工会中国工人运动史研究室编：
《中国工会历次代表大会文献》，工人出版社，
1984 年，第 259–261 页）

对于失业工人问题决议案*

保障失业工人决议案

（一）凡能容十人以上之作坊、工厂、商店等之停歇及辞退工人，须经政府之许可。

（二）凡工厂、作坊、商店停歇及辞退工人，须于一月前公布停歇及辞退之理由。

（三）凡因营业在原有资本亏本三分之一者，得呈请政府帮助，继续维持营业现状。亏本达二分之一者，得准其缩小范围。亏本超过二分之一以上者，经政府之许可，方准其停歇。

（四）凡无故停歇者，得呈请政府没收其生产机关。惟国有及社会日常必需品之生产机关，不得停歇及辞退工人。

（五）凡因亏本经政府允许缩小范围或停歇者应发给被辞退工人之遣散费。手工业者与店员，按原工资发给 3 个月，大生产机关发给 4 个月，未经政府允许者，遣散费一律加倍。

（六）政府指定医院为失业工人疾病治疗所，并拨款建设失业工人寄宿舍及饭堂。

（七）由政府设立失业工人俱乐部、职业讲习所及子弟学校。

---

* 本文原载一九二七年七月七日出版的北京《晨报》。

救济失业工人决议案

（一）呈请政府设立救济机关，拨款救济。

（二）由政府命令各工厂、作坊、商店，按百分之几作失业工人之救济金。

（三）由政府按各种捐税内，增加百分之几，作失业工人救济金。

（四）由各团体募捐交救济机关，救济失业工人。

（五）各工会应由每月月费项内，抽出百分之三，作救济失业工人之救济金。

安插失业工人决议案

（一）由政府协同工会设立失业工人职业介绍所。

（二）凡工厂、作坊、商店扩张营业增加工人者，应请职业介绍所介绍，不得自由雇请。

（三）由政府筹款兴办实业，安插失业工人。

（刘明逵、唐玉良主编：《中国近代工人阶级和工人运动》第六册，中央党校出版社，2002 年，第 781 页）

女工童工问题决议案*

女工童工在中国工人运动中占着极重要的地位。由于中国的工业落后，轻工业占整个工业的绝大部分，因而女工童工的人数特别多（针织及纺织工厂的女工童工占百分之七十以上）。至于手工业中的学徒人数，则更是惊人。

这些广大的女工童工群众，以衰弱的或正在发育的身体从事劳动，与成年工人同样劳苦，同样的劳动时间，而所得的工资却很低廉，并且还要受资本家的种种虐待。因此，他们的阶级意识特别显明，革命精神特别饱满。

事实证明：女工童工在过去的工人运动中，发挥了很大的作用。凡有工会组织的地方，都有女工童工加入工会，并且活动的最积极。如童子团的飞跃发展和它在革命运动中所起的作用，早已引起各方面的重视。

大会认为：领导广大的女工童工群众解除他们的痛苦，壮大革命的战斗力，乃是当前工人运动的最重要的任务。我们必须为女工童工争取下列条件而斗争：

一、十六岁以上的男女工人，每天工作在八小时以内；十六岁以下的在六小时以内；禁止雇用十三岁以下的少年做工。

二、每周须有连续四十二小时的休息；每年须有连续二周

* 本文译自日文一九二九年十一月出版的满铁调查资料第一百零九编《中国无产阶级运动史》。

的休假，照发工资。

三、女工童工与成年工人从事同样劳动时，应得同额工资；并规定维持生活的最低工资。

四、改善女工童工的卫生条件：不得让女工童工做夜班（但特殊情形另规定）及从事繁重和危险的工作。

五、女工童工疾病、伤亡、失业的抚恤，及其他一切待遇应与成年工人一律平等。

六、学徒期限应为三年以内。学徒期间禁止使用学徒为私人私事服务。规定请假和休假制度。学徒期满后，一切待遇与成年工人平等享受。

七、一切行业应逐渐废除私人徒弟；另设艺徒学校。

八、禁止贩卖童工；禁止打骂、罚款、侮辱及其他一切虐待女工童工的行为。

九、女工在产前产后给八周的休假，照发工资。

十、女工因生理关系，每月除星期日以外给三天的休假，照发工资。

十一、雇用女工的工厂须设立托儿所，并规定哺乳时间。

十二、废除包工制度和养成工制度。

十三、国家和厂主设立补习学校、俱乐部，供女工及童工的学习和娱乐。

十四、女工童工与成年工同样享受集会、结社、言论、出版、罢工的绝对自由。

过去各工会对女工和童工的利益注意的不够，因而削弱了女工童工的力量。尤其是有童工的工会，没有能够积极的领导他们进行斗争。但是童工因不堪忍受的痛苦，自己进行了单独的斗争，甚至发生了女工和童工脱离工会或童工单独组织工会的危险。成年工人仍不了解改善童工生活的结果，也就是改善成年工人本身生活的道理。因此今后必须：

一、在各工会设立女工委员会及童工委员会或学徒委员会，保护女工、童工的利益。

二、在各级工会内，十六岁以下的童工组织童子团，直属工会领导。工会要切实的帮助和指导童子团。

三、各级工会的执行委员会或代表会，应尽可能的吸收女工童工参加。

四、在每次斗争中要提出女工童工的特殊要求。

五、女工、童工、学徒加入工会时，与其他会员的待遇平等。童工、学徒的入会费、会费须减收。

六、工会应尽最大的努力吸收广大的女工、童工参加工会或童工团。

七、工会须注意女工童工利益的宣传；工会的各种刊物应注意刊载有关女工童工斗争的记述。

八、应与一切保护童工利益的革命团体、政党、工会及童子团保持密切的联系。

九、要求国民政府迅速颁布童工保护法，认真的保护青年工人的利益。

（中华全国总工会中国工人运动史研究室编：《中国工会历次代表大会文献》，工人出版社，1984 年，第 261–263 页）

广东工会运动决议案*

一年以来，广东处在左、右派政权之下，工人的斗争非常艰难。四月以来，广东完全出现了白色恐怖的局面，工会领袖和其他人员被捕者二千余人，被杀者无数。工会运动更为困难。但是，广东的工会运动有其悠久的历史，具有省港罢工的经验，不论处境怎样艰难，都未丧失其深厚的基础。例如四月十四日事变后，不但举行了反抗蒋介石、□□□等的政治罢工，而且不断的进行了反抗工贼工会的斗争。大会对广东工会运动指示如下：

一、不断的领导工人开展改善生活的经济斗争，增强工人的团结。

二、不断的以有效的措施，破坏反动派的政权。

三、反对工贼改组工会。

四、反对广州总工会及广州机器工会蜕化领袖所作的助桀为虐的欺骗宣传。

五、准备秘密武装，与农民结成亲密的同盟，以便响应武汉革命军攻打广东。

六、在最短期间收复广东，为死难烈士报仇，解除工人所

---

* 本文译自日文一九二九年十一月出版的的满铁调查资料第一百零九编《中国无产阶级运动史》。

受的压迫。

（中华全国总工会中国工人运动史研究室编：《中国工会历次代表大会文献》，工人出版社，1984年，第264页）

北方工会运动决议案*

北方的大部分地区仍在奉系军阀的统治之下，但是北方有几百万的产业工人，中国的铁路、矿山大部分在北方，我们不能忽视北方的工人运动。北方各地的工人，过去也有其许多光荣的斗争历史。大会对北方各地的工会工作，做如下指示：

一、准备实力，响应武汉国民政府的第三次北伐。

二、不断举行经济斗争，要求规定最低工资；加强工人的团结。

三、保持工会公开的或秘密的组织；进行组织、训练及鼓动工作。

四、全国总工会在北方设立办事处，领导北方的工作。

（中华全国总工会中国工人运动史研究室编：《中国工会历次代表大会文献》，工人出版社，1984年，第264-265页）

---

* 本文译自日文一九二九年十一月出版的满铁调查资料第一百零九编《中国无产阶级运动史》。

上海工会运动决议案*

过去一年间，上海工人举行了三次武装起义和三次大罢工，组织了市民政府，进行了七百余次的经济斗争。这些都是反对帝国主义、反对新旧军阀、反对资产阶级的伟大斗争，为中国工人运动开辟了新的纪元。上海工人用行动证明了工人阶级是拥护支持国民革命最有力的队伍，但是上海工人亦因此而遭受了巨大的蹂躏和牺牲，上海总工会委员长汪寿华同志亦不幸遇害。现在，大资产阶级的代表蒋介石勾结帝国主义，一方面用法西斯手段屠杀工人，另一方面用改良主义欺骗工人。在这种新军阀反动政权的统治下，上海工人的痛苦自不待言。但是由于上海工人经历了无数次激烈的斗争和长期正确的秘密工作，基础已非常坚实巩固，绝非反动派所能动摇。大会对于上海总工会的工作指示如下：

一、严密的准备第四次大暴动，响应国民政府的东征。

二、不断的进行经济斗争，团结工人，揭破反动派改良主义的假面具。

三、实行武装自卫对抗法西斯的进攻。

四、号召工人抵制蒋介石御用的上海工会组织统一委员会，大力宣传反对上海工会组织统一委员会。

---

* 本文译自一九二九年十一月出版的日文满铁调查资料第一百零九编《中国无产阶级运动史》。

五、积极努力实现上海总工会的“总要求”。

六、进一步努力进行工会的秘密组织和训练。

七、联合小资产阶级进行广大的民族革命斗争，增强工人阶级的势力。

八、扩大上海附近的工会运动，如南京、苏州、南通、杭州、宁波等地，并着手组织两省的总工会。

（中华全国总工会中国工人运动史研究室编：
《中国工会历次代表大会文献》，工人出版社，
1984 年，第 265—266 页）

铁路工会运动决议案*

中国铁路工人在过去具有二七斗争的光荣历史；在反奉战争，反吴战争，反刘、杨战争中，进行了伟大的斗争，在最近一年间亦创造了很大的功绩。例如国民政府出师北伐时，铁路工人组织了铁路交通队，一面破坏敌人交通，一面又迅速的恢复革命军的交通，便利革命军北进，在短时间内击败敌人，获得了胜利；铁路工人和交通队的领导人忍受了千辛万苦和牺牲。但是，铁路工人运动在组织方面有着很大的缺点，如最高领导机构不健全，各路工会及支部解体等。大会对铁路工会的指示是：

一、迅速健全执行委员会，领导各地的工作。

二、派出特派员，帮助各地各站很快的恢复并发展工会。

三、参加管理铁路。

四、铁路交通队领袖及队员应该与工会建立密切关系，不要脱离工会系统。

（中华全国总工会中国工人运动史研究室编：
《中国工会历次代表大会文献》，工人出版社，
1984 年，第 266 页）

* 本文译自日文一九二九年十一月出版的满铁调查资料第一百零九编《中国无产阶级运动史》。

海员工会运动决议案*

中华海员工会联合总会在这一年里有了很大的进步，如领导省港罢工，扩大分会，并在各船舶建立支部等。大会对海员工会指示以下各项：

一、全力重视海外大轮船的工作，尽可能在海外各大港口设立机关，并在各大轮船上进行广泛的宣传和组织工作。只有在这些大轮船上建立起基本的组织，海员工会的基础才能坚固深入。

二、重视沿海内河船舶的工作，扩大其支部；但木帆船要另外单独组织。过去广东及汉口的海员工会，曾发生了偏重木船组织的倾向，今后必须改进。

三、海员中帮口观念很深。大会认为，一年来海员工会为打破帮口观念，颇为努力。应该使工人知道，工人都一样是被压迫、被剥削的阶级，不应有帮口观念，而应代之以阶级观念；因此海员工会必须继续努力进行打破帮口观念的宣传及工作。

四、中国海员须与各国海员建立密切的联系，只有这样，才能完成从根本上推翻帝国主义的任务。

（中华全国总工会中国工人运动史研究室编：《中国工会历次代表大会文献》，工人出版社，1984 年，第 267 页）

---

* 本文译自日文一九二九年十一月出版的满铁调查资料第一百零九编《中国无产阶级运动史》。

四川、江西、安徽、浙江、福建、广西等省的工会运动决议案*

大会对这些省份的工会，做以下各项指示：

一、注意筹备或成立全省总工会。

二、注意培养工会领袖。

三、注意适当的改善手工业工人和店员的生活。

四、注意与农民联合，帮助他们进行减租及土地斗争，建立自治政权。

五、与城市小资产阶级联合，对他们采取妥当的政策。

（中华全国总工会中国工人运动史研究室编：《中国工会历次代表大会文献》，工人出版社，1984 年，第 267–268 页）

* 本文译自日文一九二九年十一月出版的满铁调查资料第一百零九编《中国无产阶级运动史》。

湖北工会运动决议案*

湖北工人运动在二七事件以前，曾有一度发展。二七事件失败以后，遭直系军阀残酷压迫达两年。去年国民政府出师北伐后，湖北工人以最大的努力援助北伐，如兵工厂工人反对吴佩孚的罢工，铁路工人破坏敌人后退的交通线路等。湖北工人在极短时间内建立了工会，会员达五十一万人，并进行了各种革命工作。这都应归功于湖北全省总工会的努力。武汉是国民政府所在地，是革命的根据地，因此，帝国主义、新旧军阀、资产阶级及土豪劣绅极为敌视，以封锁经济、封锁交通、封锁财政等的毒辣政策加以压迫；同时勾结反动的小军阀如夏斗寅、杨森、许克祥等叛变，扰乱武汉。在这种情况下，武汉是四面受敌，商业停顿，工人失业尤其严重。目前，无论是武汉政府，或是工商业者，或是工人阶级，都处在一个极为艰难的时期。大会指出湖北工会在这时期的各项工作如下：

一、全力援助国民政府克服一切困难。

二、巩固革命的联合战线，与被压迫的农民及小商人等共同反对帝国主义和新旧军阀的反革命。

三、纠正“过火”的言论，以免助长反动派的气焰，巩固孙中山先生的农工政策。

---

* 本文译自日文一九二九年十一月出版的满铁调查资料第一百零九编《中国无产阶级运动史》。

四、切实援助国民政府肃清内部反动派及实行北伐、东伐、南伐的政策；巩固革命的基础，扩大革命势力。

五、工会组织进一步系统化、正规化；建立工人代表会。

六、督促政府解决失业问题。

七、援助农民的解放斗争。

八、进一步加强宣传教育工作，提高工人的政治觉悟和斗争能力。

九、力争最低工资及劳动时间的法律保障，开展争取实现劳动保护法运动。

（中华全国总工会中国工人运动史研究室编：《中国工会历次代表大会文献》，工人出版社，1984 年，第 268–269 页）

湖南工会运动决议案*

湖南的工会运动，在过去具有光荣的革命斗争历史。在政治斗争方面，驱逐赵恒惕、援助北伐军，功迹显著。在农民斗争方面，更有其独特的成就。在这次第二次北伐中，工人纠察队援助政府维持秩序，亦有大功。然而，叛将许克祥受蒋介石的唆使，制造五月二十一日事件，包围纠察队，解除纠察队的武装，封闭全省总工会，捕杀很多工人。现在湖南全省实际上已出现了白色恐怖的局面。大会指示湖南工会的任务如下：

一、要求国民政府严办许克祥，歼灭其党羽，解散土豪劣绅组织的救党委员会等团体，并予以严厉惩办。

二、要求国民政府明令保护工农运动，恢复工会、农会，恢复工人自卫武装。

三、实行县、乡自治运动，建立平民政权，彻底肃清土豪劣绅的封建势力。

四、联合农民和被压迫的广大民众，大力援助国民政府，打倒一切反革命势力，建立湖南的革命政权。

五、努力开展经济斗争，反对资本家减低工资，延长工时；要求在法律上给工人利益以保障。

六、湖南全省总工会要努力争取合法化的保证，同时，严

---

* 本文译自日文一九二九年十一月出版的满铁调查资料第一百零九编《中国无产阶级运动史》。

密所有的工会组织，建立更巩固的群众基础。

（中华全国总工会中国工人运动史研究室编：《中国工会历次代表大会文献》，工人出版社，1984年，第269—270页）

第四次全国劳动大会选出的中华全国总工会执行委员、候补委员名单

执行委员（三十五人）

李立三　邓中夏　林育南　刘少奇　项　英　苏兆征
向忠发　王荷波　罗　珠　许白昊　马超凡　陈寿昌
董锄平　郭　亮　韩蔚文　李泊之　郑覆他　袁达时
杨培生　钟苗夫　王耀郁　董　平　杨元杞　张佐臣
鲍　武　胡锡泰　王　荃　朱英如　朱宝庭　刘文松
宁迪卿　陈　权　袁　容　李　铭　黄　钊

候补执行委员（二十人）①

陈为人　梁茂康　范增荣　彭　江　王成伟　刘幼坤
杨桂林　舒传贤　郭华俊　张　斌　刘　义　吴汝敏
夏佐乾　杨名魂　李悼珍　刘亚雄　张昆弟　孙良惠
姚达夫

（天津《大公报》，1927年7月10日，第二版）

① 原文如此，漏列候补执行委员一名。

第四次全国劳动大会宣言*

中华全国第四次劳动大会是在国内外政治局势异常紧张的情况下召开的。帝国主义列强为反对中国革命，出兵北方、上海及北京等地，并以军舰威胁武汉政府，直接以武力干涉中国革命。与此同时，帝国主义列强联合起来反对苏联。这都表明，帝国主义的政策是企图彻底摧毁中国革命，并征服我们的盟友——世界革命的堡垒苏联。在中国内部，反革命势力亦日益猖狂，吴佩孚虽被打倒，但封建势力及资产阶级的代理人蒋介石、□□□、许克祥等却取而代之，镇压屠杀人民及工农群众，特别是镇压虐杀革命战士；并打着国民革命的招牌，实行种种无耻的欺骗政策和残酷的屠杀政策。现在，许多省份的工人运动已遭受严重的打击，工会组织不能公开活动。即在国民政府管辖下，除武汉等地工会尚能公开存在之外，湖南、江西、河南各省的反动势力飞扬跋扈，工人运动仍遭新的专制政府的压迫。这种反革命势力猖獗的情况，就是在武汉亦有所表现。因此，中国工人运动必须在严重的白色恐怖之下，为保卫工会的权利而继续进行斗争。

中国工人阶级是中国革命的先锋。中国工人阶级为民族解放事业付出了巨大的牺牲。在反抗军阀和帝国主义，在为争取

---

* 本文译自日文一九二九年十一月出版的满铁调查资料第一百零九编《中国无产阶级运动史》。

中国的独立和自由的斗争中，较其他任何阶级都更英勇更坚决。在 1925 年的五卅运动及六二三的沙基惨案中，中国工人阶级领导全国民众奋勇斗争，举行总同盟罢工，广东的省港大罢工坚持了十六个月之久，给帝国主义以严重打击，给国民政府以巨大支持。1927 年 1 月，汉口工人掀起了收回英租界的运动，上海工人阶级为反对孙传芳、毕庶澄举行了三次起义。所有这些，都说明中国新兴的无产阶级已领导其他革命阶级，与帝国主义、军阀进行斗争。中国革命没有工人阶级的参加是决难胜利的。中国工人阶级必须把反对帝国主义的斗争坚持到底，同时亦必须坚决的反对背叛革命的大资产阶级及其代理人蒋介石。

中华全国第四次劳动大会认为，中国工人阶级现阶段革命的首要任务是：反对一切反动势力，粉碎反革命大资产阶级一切企图扑灭革命、镇压工人运动的反动阴谋。中国工人阶级必须竭尽全力击破敌人的阴谋。工会组织必须领导工人群众进行英勇的斗争，以争取工人组织的自由权利，改善工人的生活状况。这次大会要求切实实行保护工人的劳动法、工厂法，并宣布与企图剥夺工人权利以及帮助大资产阶级剥夺工人权利的反动派，进行坚决的斗争。

中国工人阶级必须竭力参加反对封建制度、打倒豪绅政权的斗争，争取实行平民的民权主义的政治，拥护支援农民的斗争。这次大会认定，数亿被压迫的农民是工人阶级最可靠的同盟军，工人阶级要为农民而斗争，使农民无代价的得到土地。工人、农民是中国最革命的阶级，必须建立更巩固更亲密的联盟。工人阶级在与帝国主义及大资产阶级的斗争过程中，必须逐渐联合革命的城市小资产阶级，吸收他们参加革命的联盟。

如果中国的工人、农民及小资产阶级群众认真的团结起来，建立巩固的同盟，即使遭遇某些困难，亦能保证中国革命的胜利。

中华全国第四次劳动大会代表三百余万有组织的工人决定：拥护农民反对豪绅地主的斗争；并决定与革命小资产阶级结成战斗的联盟，使他们与工人、农民共同斗争，反对帝国主义及新旧军阀。这次大会坚决宣布，无论付出多大的牺牲，中国无产阶级将坚持斗争到底！

中华全国第四次劳动大会号召全体工人群众准备新的斗争！工人们必须知道：只有斗争才能获得工会组织的自由和生活的改善。任何革命政府，如果没有工人的自觉的努力，决没有力量解放工人阶级。只有广大的劳动群众团结起来，奋勇斗争，才能迫使资产阶级让步，使政府实行改善工人生活的政策。

中华全国第四次劳动大会认定，所有工会组织必须迅速的坚决的开展自己的工作，认真的领导群众进行斗争。肃清内部的工贼和改良主义分子，深入工人群众，树立新的工人领袖和培养其斗争能力等这是最近期间工人运动的组织任务。

中华全国第四次劳动大会相信，中国无产阶级必将保持在革命运动中的领导地位。无产阶级必须团结在自己组织的周围，团结在无产阶级政党的周围，并联合革命的农民和城市小资产阶级结成巩固的联盟，反对帝国主义及新旧军阀，争取革命获得新的胜利。

（中华全国总工会中国工人运动史研究室编：
《中国工会历次代表大会文献》，工人出版社，
1984 年，第 272–274 页）

中华全国总工会召开第四次全国劳动大会宣言*

自蒋介石叛变，买办大资产阶级退出国民革命的联合战线以后，中国的革命运动即转入了一个新的时期。这是进入由小资产阶级、农民和我们工人阶级共同担负这个革命任务的新时期。因此，我们工人阶级在国民革命中的任务和责任已更加重大，并且愈趋急迫。

我们在第一次劳动大会后，开展了反对军阀的二七惨案的大斗争，因而，我们的组织得以扩大和巩固，我们的实力更加充实，并给了广大的民众以深刻的影响。第二次大会后，先后发生了震动世界的五卅运动、省港大罢工等工人阶级直接反对帝国主义的运动，唤起了举国一致的反对帝国主义、反对军阀的民族革命运动。第三次大会后，工人阶级仍坚持了省港大罢工，给了帝国主义以严重的打击；镇压了一切反革命派；巩固了国民政府和左派政权的基础，顺利的进行了北伐工作。北伐战争开始以后，我们全国工人阶级一致积极的参加了北伐，即在敌人统治区内，亦舍身奋斗，进行破坏活动和积极响应北伐军。

目前，革命形势已到了最紧要的时刻。全国最大多数的农民已经起来，为摆脱压迫，用要求解决土地问题和农村政权问

* 本文译自日文一九二九年十一月出版的满铁调查资料第一百零九编《中国无产阶级运动史》。

题而斗争；革命的势力更加扩大了。这些已成为国民革命的中心问题。但是，反革命势力的凶焰亦随之增长，大资产阶级叛变，帝国主义进兵北方，封锁武汉，封建势力的余孽蒋介石、杨森、夏斗寅、张联升、许克祥等相继叛变，大肆屠杀工农群众，实行全国的白色恐怖，更进而联合起来进攻革命力量，以图摧毁中国国民革命的基础。

北伐战争仍在继续胜利进展。然而，反革命的凶残恶焰决未因此而消灭，却反有扩大的倾向，因此就有很多重大而迫切的问题摆在我们的面前，要求给以迅速的解决。

一、我们应该如何援助农民打倒土豪劣绅、铲除农村的封建势力，解决土地问题，建立农村的民主政权，扩大和巩固革命的基础?

二、我们应该如何领导全国的革命民众，建立工农与小资产阶级的革命联盟，以反击反革命的势力，并督促政府肃清全部反革命势力，立即镇压遍及全国的法西斯白色恐怖，以挽救国民革命的危机?

三、应该如何与全世界无产阶级建立亲密巩固的联合战线，促进国际工会组织行动的统一，特别是联合太平洋各国的劳动者，按照泛太平洋劳动会议决议的策略，共同反击国际帝国主义；反对其进兵北方，勾结军阀、大资产阶级，粉碎其对国民政府的封锁政策；反对其进攻苏联，防止第二次世界大战?

四、应该如何揭破大资产阶级的阴谋，及其对工人的欺骗政策、改良主义；反对其垄断经济及对中小商人的压迫和剥削；镇压其反革命的叛逆行为及肃清其对小资产阶级的影响；推翻其在东南的统治、夺取全部政治的领导权，领导国民革命克服一切困难，向非资本主义的道路迈进?

五、应该如何促进中小商人和广大小资产阶级的觉悟，使他们明了他们的破产和经济崩溃，乃是大资产阶级和帝国主义的压迫以及资本主义经济制度和生产方式发展的必然结果?而且工人阶级在繁重的劳动、冗长的劳动时间及微薄的工资等方面，已经对资产阶级做了很大的让步。他们的唯一的出路，就是联合工农，共同打倒大资产阶级和帝国主义，完成国民革命。

六、应该如何参加各级政权机关，要求实施劳动保护法、工厂法及国家劳动保险制度，并要求参加企业的管理及没收帝国主义在中国所有的大企业?

七、应该如何巩固自己的组织，整顿工会组织系统，达到集中统一；建立巩固的工厂委员会，准备参加管理国有企业；改进全国总工会及各产业总工会工作中的缺点，以切实负起领导各级工会的责任；重视农村的手工业、店员工人及北方工人的组织和斗争，扩大工人的实力，使全国有组织的工人队伍，由二百八十万进一步发展扩大?

八、应该如何深入普遍的进行宣传教育工作，进一步扩大对全国民众的影响，并加强工人的武装和一般工人的军事教育，动员工人参加军队，或与士兵建立密切的友好关系，启发士兵的觉悟，建立巩固的工兵联合战线?

总之，革命的形势是如此紧迫，我们的责任又是如此重大，而目前需要解决的问题又是如此之多，因此，召开第四次全国劳动大会已不容片刻犹豫。并且，这次大会的任务和责任，较以往任何一次大会都重要百倍。我们工人阶级自应衷心诚意的迎接这次大会。此外，我们还希望全国各界和全世界工人阶级及其他同情者，给予亲切的指导和帮助，俾使这次大会圆满成功，并使它在中国革命的进程中，发生广泛和深刻的影响。

中华全国总工会

（中华全国总工会中国工人运动史研究室编：《中国工会历次代表大会文献》，工人出版社，1984 年，第 171–173 页）

文电文稿

全国总工会请机器总工会派代表出席第四次劳动大会

（中华社）全国劳动大会于五月一日在汉口举行第四次大会，各情经纪前报，至广东各工会出席代表，亦多径选定呈报全国总工会广州办事处存核，惟闻机器工会尚未派定出席代表，故昨全国总工会特致函促其早日选定，以便届时赴会。兹将原文录下。迳启者：工人阶级之力量，端在于团结，全国工人大联合，为我全国工友共同之呼声。自国民革命军收复长江各省以来，国民革命势力奄有全国之大半，在此革命势力剧烈进展之秋，担负国民革命领导之中国工人阶级，所负之责任愈大，所需要于全国工人团结者亦愈巨。本年在武汉举行之第四次全国劳动大会，实为我国工人实行大团结之表现，全国各省工友，皆派代表与会，济济跄跄，共聚一堂，检阅我全国工人阶级之力量，汇集全国工人过去奋斗之经验，讨论我全国工人阶级今后运动之策略，谋我工人阶级利益之保障，与增我工人阶级本身及国民革命前途关系极巨大。贵会为我国工人团体之一，对于此次全国工人实行大联合之全国第四次劳动大会定表赞同，应请贵会早日派定代表，届期赴会，以实现全国工人阶级大联合、国民革命之最后胜利！耑此布达，顺颂工祺。

中华全国总工会广州办事处

（广州《民国日报》，1927年4月5日，第四版）

中华全国总工会关于全国劳动大会之重要通告

（中华社）汉口全国总工会于三月五日开常务委员第一次会议，议决关于第四次全国劳动大会有五决议案，特通告全国各工会知照。

兹将该通告录下，全国各省县市总工会、各产业总工会鉴，本会接受扩大会议决议案，于本年五月一日开第四次全国劳动大会，一切筹备手续经本会扩大执行委员会议决议案外，本会常务委员第一次会议又有下列之决议：

（一）对于原案第一项所列之十三问题，通告全国各工会事前充分讨论，以便届时向大会提出（其他提议亦可预备提案）；

（二）对于原案第四项各地代表，务于四月二十七日以前来汉；

（三）对于原案第六项大会经费收入，每工会会员在一千人以内者收十元，以外每增加一千人加收十元，通告各工会尤应按照会员人数切实征收，由出席代表缴交大会筹备处具收；

（四）各工会接到此项通告后，应即切实向群众宣传；

（五）各地矿工、电报、印刷、纺织等产业工会，本会扩大会议议决于第四次劳动大会时，开各该产业全国工人代表大会，成立各该产业全国总工会，故上列四项产业工会，除依照扩大会议议决案第四条选派代表法选出正式代表外，还应多派代表作为大会旁听代表，以便出席各该产业工人代表大会，事关我工人阶级解放前途，至重且大，望全国各工会对于本会常务委员会议决之五项，督促所属工会，切实执行为要。

中华全国总工会通告

（广州《民国日报》，1927 年 4 月 11 日，第四版）

全国总工会通告各工会出席劳动大会应注意之各要点

（中华社）昨总工会接汉口全国总工会通告云：

各省各级工会，本会根据扩大执行委员会议决案，定于五月一日在革命的新根据地汉口召集第四次全国劳动大会。这大会的意义，特别严重，因为自革命军攻克武汉后，继续收复赣闽苏浙各省，国民革命的形势已进入了一个新的时期。我们工人阶级在这个新的时期中，一切斗争的策略与方针，都应有新的决定以促进此革命之完成。因此这四次全国劳动大会所负的使命，特别重大，望各工会积极的作充分准备，并须注意下列各事：

（一）选派代表须依照本会通告之规定。（二）须造详细而有系统的书面报告，交出席代表带来，报告内容：（甲）工会成立之经过；（乙）一年来的工作；（丙）工人生活状况；（丁）经济斗争的情形；（戊）会员总数；（己）经济状况；（庚）职员履历；（辛）工会组织状况（是否有代表会和基本组织）。（三）劳动大会经费，必须交由代表带来。（四）本会通告所提出之各种问题，须先召集大会提出讨论。（五）必须在工人群众切实宣传大会的意义（宣传方针根据大会发出之宣传大纲）。（六）如有提案，赶早预备。

中华全国总工会

（广州《民国日报》，1927 年 4 月 14 日，第五版）

中华全国总工会为召集第四次全国劳动大会告工友

全国工友们：

我们第四次全国劳动大会六月十九日起在汉口——革命的根据地开幕了。

我们检阅过去斗争的历史和力量：在第一次大会后，主要的斗争就是反军阀的二七运动，在吴佩孚的残暴压迫之下，表现出我们工人阶级的英勇，扩大我们自己的组织，充实我们自己的力量，影响到全国的民众；在第二次大会后，五卅运动之突起，粤港罢工相继爆发，震动全世界，由我们工人阶级反帝国主义直接冲突，唤起了全国民众的反帝国主义反军阀的民族革命运动；在第三次大会后，一年以来，我们工人阶级继续粤港大罢工，给英帝国主义以重大的打击，一方面又镇压反动派，巩固国民政府，建立左派的政权，可以顺利的进行北伐工作。及北伐战争开始，我们全国工友更热烈地参加作战，不独在北伐军战线以内积极的奋斗，即在敌人——军阀的范围以内，亦是奋不顾身做消极破坏和积极的影响工作。武汉工友们的收回汉口英租界，上海工友们的两次政治大罢工、三次武装暴动、推翻孙奉军阀，尤其表现出我们工人阶级奋斗的力量和精神，成为震动全世界的伟大的壮举。我们工人阶级这种领导革命的斗争，引起了广大的乡村的农民和城市手工业者以及小资产阶级民众参加入了革命的战线，使革命运动扩大而深入的□，大资产阶级见了革命势力之发展，亦混身于革命运动，企图他们的利益。

然而，革命到现在，已是一个严重的时期！大资产阶级是背叛革命，脱离革命战线了；同时帝国主义因为直接的炮舰政策和军阀旧工具不能适用，勾结大资产阶级协同来剥削中国人民，大资产阶级已经和帝国主义妥协，掉过来屠杀我们工人。蒋介石之背叛国民党、屠杀共产党人和工人领袖、解散工会农会，及帝国主义者乘势向武汉国民政府进攻，都是上列情形的具体表现。而且，因为大资产阶级忽然跳出革命战线，又得了一部份政治领导权，不免使革命战线有动摇的现象，予帝国主义以进攻的机会，使小资产阶级游移不定。

同时国民革命实已发展到了一个新的阶段。在这个新阶段中，我们工人阶级的责任是非常的重大：

第一，就是要与农民和小资产阶级结成巩固的同盟，拥护国民政府，不单独要抵御帝国主义的进攻及打倒封建军阀，并且要迅速地推翻大资产阶级在东南的统治，取消他们在一般民众中的影响。第二，要援助农民实行土地革命，打倒土豪劣绅，建立乡村的民主政权，以扩大革命的基础。第三，要求参加各级政府机关和参加国有产业的管理，同时要求没收帝国主义在中国的一切产业，尤其是关系社会经济的重大产业，使这些全国经济命脉的产业，如铁道、航路、银行、矿山等，都归国有，使全国生产能渐次按照全民族，尤其是工人阶级利益方面发展，而不致为私人及大资产阶级所垄断——实际就是为帝国主义所垄断。第四，要求劳动保护法、工厂法和国立的劳动保险、失业保险等。

此外，大资产阶级在这个新企图之下，一方面用极残暴的手段，到处屠杀工人以“法西斯□”的组织代替工会；另一方面又大做其欺骗的宣传，教工人阶级不要为自己的利益争斗，等“革命”成功后（实际上即大资产阶级统治成功后）自然得到好处。这些都是很明显地证明大资产阶级他们要以铁血手段取消我们工人阶级的独立的政治地位——使我们成为他们的附属，使国民革命的结果成为纯粹资产阶级的利益。所以工会现在的职任，一方面要工人武装起来，一方面要揭破一切改良主义的阴谋，同时应该为工人阶级的经济利益继续奋斗，并且要藉此促进国民革命成功。更要与世界职工运动发生更密切的关系，尤其要与太平洋各国职工运动亲密的团结。要工会能竟成这些职任，自然首先要强健工会的组织。过去的历程中，工会有几个重要的缺点，现在我们要统一集中他的组织，整顿他组织的系统，为要准备参加生产的管理，应开始建立强固的工厂委员会，并要求健全全国总工会与全国产业总工会的组织，而且应该注意县市乡镇的手工业工会之组织与斗争。

全国工友们！第四次全国劳动大会要开幕了，以上种种的策略的具体决定、过去经验的审查和工会组织的整理，都要这大会来负担，这是多么大的意义、多么大的工作，我们全国工友应该起来注意、研究这些问题，督促赴会代表，才能使这次大会得到完满的成功。

（汉口《民国日报》，1927年6月20日，
第一张新闻第一页）

大会通电

（衔略）均鉴：中国第四次全国劳动大会，于本月十九日下午三时，在汉口中央人民俱乐部举行开幕典礼，到各地代表四百余人，代表全国有组织工人二百九十余万，有赤色职工委员长及英、俄、法、美、日本、印度、爪哇诸国工会代表参加，国民党、共产党、国民政府、国民革命军及各界来宾，到者三千余人。首由苏兆征主席宣布开会，全场起立，哀默五分钟，追悼各地死难烈士。主席致开会词毕，各来宾相继演说甚多，均极沉痛，淋漓尽致，会场革命空气，异常浓厚。际此反动势力汹涌之时，大会誓与国民政府、国民革命军同生死、共患难，反对帝国主义者之武装干涉，反对反动派对于农工之屠杀及农工自由之限制，并绝对赞助农民获得土地之一切争斗，与工农小资产阶级结成革命同盟，以打倒帝国主义军阀及封建买办大资产阶级等反动势力，完成国民革命，求得中国民族及被压迫阶级之解放。特电奉闻。中国第四次全国劳动大会主席团叩皓。

（汉口《民国日报》，1927年6月21日，
第一张新闻第二页）

大会对各省市总工会及产业总工会之通令

为通令事，本大会于本日——六月十九日，在汉口开幕，大会对于各地惨杀工农同志及革命领袖事件，异常悲愤，一致决议，定于七月一日令全国各地各业工会同时举行追悼死难工农同志及革命领袖大会，凡各地各业工会可以公开举行追悼者，务须有大会规模之群众集合。不能公开举行追悼者，须尽可能的设法举行，如在最严重压迫之下，亦必须在工作所在地举行飞行集合，以表示工人阶级坚苦卓绝、一致团结、反抗到底的奋斗精神。□誓为死难烈士复仇的积极行动！为此通令全国各省市各产业总工会，务望转饬所属各工会，一体遵照、切实执行，此令。

（汉口《民国日报》，1927年6月21日，
第一张新闻第二页）

大会慰劳伤兵电

国民政府军事委员会，各集团军总司令、总指挥，各军师团营长转前敌负伤将士均鉴：此次我军北伐西征，不两日而消灭黄河南岸之敌，会师郑州，驱逐夏杨诸逆，克复荆□，巩固革命势力。此种伟大的胜利，固由于中央党部指导得宜，军事当局指挥有方，而前敌之将士猛勇善战血肉相搏之牺牲精神实为主要力量。本大会对于前敌负伤将士，表示无限同情与钦敬。谨代表全国二百九十余万有组织之工友，以十二分诚意敬致慰劳，并致革命敬礼。

全国第四次劳动大会主席团（二十日）印

（汉口《民国日报》，1927年6月21日，第一张新闻第二页）

第四次全国劳动大会通电

请讨伐许克祥

第四次全国劳动大会，请讨伐许克祥通电云。中国国民党中央执行委员会，国民政府委员会，各省政府、军事委员会，各集团军总司令、总指挥、各军长均鉴：许逆克祥，受蒋逆中正嗾使，于我军大举北伐、后方空虚之时，在革命基础之长沙，大肆反动，捣毁党部及工农团体，围缴工农武装，屠杀革命领袖，残害中小商人，不服政府命令，擅行窃弄政权，不听中央指挥，擅行改组党部，勾结土豪劣绅，到处杀戮民众，白昼宣布戒严，拦路抢劫财物，近复公然违抗中央，反对三大政策，勾结李逆济琛进兵湘南，危害军人家属，扰乱前线军心，他如阻止谷米出省断绝前线军食，封闭湖南民报，捣毁公私学校，侮辱女子人格，恶迹昭著，罄竹难书，三湘民众，水深火热。值此大军凯旋之时，正复肃清后方之期，本大会于闭幕之日，全体一致决议，请求国民政府，即日颁布明令，兴师讨伐歼彼小丑。本大会谨代表二百九十余万有组织之工人，一致奋斗，党国前途，实利赖之。

第四次全国劳动大会叩号，印

（汉口《民国日报》，1927年6月22日，
第二张新闻第四页）

第四次劳动大会致英国工人阶级书

亲爱的同志们：

敝会谨代表三百万有组织的工人阶级致敬于诸位同志，在巩固中英无产阶级的联合战线一致的反对世界的资产阶级，现在人人都知道这种资产阶级是压迫中国的民族，而且也在剥削你们英国的劳苦群众，夺去了你们历年由经济斗争中所得来的一切利益，而英政府所用的对内与对外的政策，都是采用一种严酷与强暴的方式，英政府种种无耻的行动，你们一定比我们还知道的更多，但英国资产阶级在中国所作的罪恶，恐怕你们还没有听见过，你们的报纸都死守缄默，对于这件事，连一个字也不提及，所登载的，净是造谣诽谤中国的革命与斥责中国的劳动阶级等事，以便实行他们在中国的强盗式的政策。你们英国的工人们，如果看见有几十只外国的战舰，停在你们的太晤斯河内任意的行动，你们将怎样说呢？你们英国的工人们，如果看见有外国的禁卫军，驻扎在你们的伦敦、立弗普、耳格拉斯哥以及纽开索耳等城，住在这些城内的外国人，如果都用他们本国的警察，来保护自己，如果他们有自己的法庭，在这些城内，有某一个地方不许你们英国人到，并且他们如果任意的鞭打与干涉这些地方的英国人，你们又将怎样说呢？如果有外国的侵犯者，全副武装的干涉你们国家的内政，并援助那万恶的匪首张作霖等，援助那屠杀工农群众的反革命派如蒋介石等，你们将怎样说呢？你们的意见，究竟怎样！我们想毫无疑义的，你们定然是要求立刻消灭这种恶劣的举动，你们也定然是要求将那些蹂躏人类主权，把这些强盗驱逐出境，你们这样的要求，正是我们现在的要求，我们要求得着在我们街市上的自由行路权，我们不愿看在我们街市上有为外国人服役的警察，我们要求不宽容那些无辜惨杀我们工人的凶手，我们要求收回租界，我们要求立刻撤退在中国的外国军队与战舰，我们反对在中国有奴隶制，我们自然是中国的主人，怎么会让你们的资产阶级来做我们的主人呢？

中国广大的劳动阶级，因为经过了多年的斗争，才从奴隶生活中伸出来，如果英国资产阶级想用无耻的侵犯与猛烈的威吓来压迫中国四万万的群众投降在他们驾御之下，那就大错而特错了。他们这种举动的结果，不但于他们无丝毫的小补，反倒加增了中国群众仇恨他们的心意，英国资产阶级想藉着他们的炮弹，以及勾结反革命的份子来实行抢夺中国的政权与财富，我们敢说那是他们万万做不到的。

中国全国第四次劳动大会，希望你们英国的工人阶级能够明了中国劳动阶级继续不断的坚决的反对英帝国主义的缘故，更深深的盼望你们能援助我们去一致的打倒一切压迫英国与中国劳动阶级的公敌。

驱逐英帝国主义者离开中国，英国工人阶级与中国的工人阶级亲密的联合起来！

（汉口《民国日报》，1927年6月29日，
第三张新闻第五页）

中国共产主义青年团致第四次全国劳动代表大会书

诸位代表同志们：

中国共产主义青年团中央执行委员会代表全体团员和劳苦青年群众，向全国第四次劳动代表大会表示极诚恳的革命的敬意，并希望这次劳动大会有极大的成功。

中国工人阶级在过去的革命斗争中，曾经表现有极伟大的作用。因为工人积极的参加革命斗争，使中国的革命有突飞的发展，并且唤起了广大民众参加，使帝国主义和封建军阀的势力，日益摇动起来。中国工人阶级过去伟大的功绩和奋斗的精神，是本团所极钦佩的。

但是现在中国革命转到了一个极严重的时期了，资产阶级中途脱离了革命的联合战线，企图停止革命的扩大与发展，并且联络一切封建势力，在帝国主义指使之下，企图消灭工人阶级在革命运动中的作用和地位。一方面屠杀工农的领袖，破坏你们的组织；另一方面用欺骗的手段，想软化你们的革命精神，使中国永远受帝国主义的统治，因此，你们在今后革命运动发展中的责任，必定更加重大。我们相信在这次劳动大会中，必定能够决定许多新的方法，使全国工人阶级在这次新的方针下，努力与一切革命的困难奋斗，领导革命运动，继续不断的向前发展，而深入广大的民众中间去。我们准备领导全国劳动青年，执行你们大会的一切决议！

因为中国产业的落后，大部分的企业为外国资本所垄断，且轻工业占全国产业之重要部分，所以青年工人与童工在中国工人阶级中占有极大的成分，他们成了帝国主义和中国资本家压榨的重要对象。近年以来，生活程度[①]因国内战争与水旱天灾之影响而提高，但是工人所得之工资，并没有增加，实际上反要减少。工作待遇之恶劣几乎全世界各国工人所没有。这些年幼而正在发育的且急于需要受教育的青年男女工人，除与一般成年工人同样受尽各种压迫之外，他们更要受资本家的打骂和虐待，所得的工资比一般工人少得多，并且使他们终身失掉受教育的机会。在中国生产中占重要地位的手工业，因为要与大生产竞争以图自存，对于手工业的工人特别压榨。手工业中的学徒所受的痛苦，更是不堪言状。因为中国政府没有任何保护劳动的条例，所以帝国主义与资本家对于这些廉价的青年劳动者，特别的无限制的压榨，并且还广泛的使用这些廉价的少抵抗性的劳动者，而排斥富于革命性的成年和壮年工人。

这些年幼的青工与童工，多半就是年长工人的子侄。他们是现在无产阶级的一部分，同时就是无产阶级的后继者，所以拥护他们的利益，改良他们的待遇，也就是整个无产阶级的责任。过去工会对于青工和童工学徒的利益，尚欠注意，以致发现童工学徒的单独罢工，这种现象将引起不利于工人运动发展的结果，我们希望以后工会能够多注意拥护他们的利益，以避免童工等单独罢工之现象。

① 指消费水平。

中国共产主义青年团，是代表劳动青年的利益，并且领导全国被压迫青年群众参加革命斗争的青年群众组织。我们希望这次劳动大会特别注意青年工人童工与学徒的问题，并且提出下列要求条件，希望大会能够采纳：

1. 禁止雇佣十四岁以下的青年男女童工；

2. 青年工人与童工的工作时间，不得超过八小时；

3. 改良青工童工学徒的待遇，禁止打骂和为私人服务；

4. 国家与厂家设立技术学校；

5. 青年工人每年应有两星期继续不断的休息，并不得扣工资；

6. 缩短学徒的年限，至多不得过二年，并须按其技术能力，给相当工资；

7. 同等工作，同等报酬；

8. 青年工人与童工应加入工会，与成年工人享同等权利。

中国共产主义青年团中央执行委员会

（《中国青年》，第一百六十七期，1927 年 6 月 30 日，第 392–395 页）

第四次全国劳动大会宣传大纲*

第一次劳动大会与第二次劳动大会之间，中国工人阶级的主要斗争是二七运动。第二次大会与第三次大会之间，主要的斗争是反对帝国主义的五卅运动。从第三次大会到这次第四次大会期间，则是继续了五卅运动的革命斗争，进而参加北伐战争。在这长期的过程中，我们革命斗争的历程，始终显明的表明工人阶级已成为革命的主力军。由于工人阶级英勇的坚持不挠的斗争，逐步地推动了中国革命运动的发展。

第三次劳动大会后的一年间，中国工人阶级坚持了省港大罢工，给英帝国主义以严重的打击，使英帝国主义不敢明目张胆的对广东政府进行恫吓和施展阴谋；并镇压了内部的反革命，从而巩固了广东的国民政府，建立起左派政权，顺利的进军北伐。北伐开始后，工人阶级更是风起云涌，不仅积极的参加北伐前线的斗争，而且在敌人的统治地区亦不惜牺牲进行斗争，积极的响应北伐。武汉英租界的收回，以及上海工人两次总同盟罢工和三次武装起义，推翻军阀张作霖、孙传芳的统治等，都是中国工人阶级轰动世界的伟大斗争。工人阶级在这种艰苦卓绝的斗争中，不仅提高了自己的政治觉悟，扩大和巩固了自己的组织，而且还吸引了广大的农民、城市手工业工人及

---

* 本文译自一九二九年十一月出版的日文满铁调查资料第一百零九编《中国无产阶级运动史》。

小资产阶级群众参加革命。大资产阶级亦由于革命势力的发展而投身革命，以图维护自己的利益。这样，革命就愈加高涨起来。但是，大资产阶级的参加革命，是为了获取政治的领导权，以便获取政治地位而与帝国主义妥协。因此，大资产阶级一旦看到工人阶级掌握了革命领导权，他们在革命运动中取得了一定的地位后，便悍然背叛革命，与帝国主义妥协，屠杀工人。另一方面，帝国主义亦看到了直接使用“炮舰政策”和旧工具军阀已经不适用，便勾结大资产阶级同他们一起压榨中国人民。蒋介石叛变国民党，屠杀共产党人和工人，解散工会和农会，以及帝国主义乘机进攻武汉政府等种种事实，均不外是这种勾结的具体表现。

从客观上看，大资产阶级脱离革命却促使被压迫阶级的工人、农民和小资产阶级更能真诚的团结一致，顺利的发展革命。但是大资产阶级突然脱离革命战线，掌握了一部分地区的政权，也不免促使革命战线发生一时的动摇，为帝国主义进攻革命提供了机会，并且使小资产阶级摇摆起来。所以目前当大资产阶级背叛革命后，工人阶级必须与农民、小资产阶级结成革命联盟；镇压大资产阶级的叛逆，获取整个政治的领导权，领导人民渡过暂时的困难，争取革命的胜利。如何胜利的渡过这个困难的时期，就是第四次全国劳动大会面临的最主要的任务。

现在，国民革命已经发展到一个新的时期，而在这个新时期中，工人阶级的责任是：

第一，与农民和小资产阶级结成巩固的联盟，拥护国民政府，不仅要预防帝国主义的进攻，打倒军阀，而且要立即推翻大资产阶级在东南的统治，以消除其在广大民众中的影响。

第二，援助农民实行土地革命，打倒土豪劣绅，建立农村的民主政权，以扩大革命的基础。

第三，要求参加管理国有企业，没收帝国主义在中国所有的企业及与社会经济有重大关系的大企业。把关系全国经济命脉的企业，如铁路、矿山、银行等实行国有，使全国生产的发展逐步符合全民族特别是工人阶级的利益，不为私人及大资产阶级所垄断（亦就不为帝国主义所垄断）。

第四，要求救济失业，实行劳动保护法、工厂法、国家劳动保险。

总之，要求保卫国民革命已获得的胜利，要求保障工人阶级应获得的权利，欲发展国民革命获得最后胜利，必须坚持和加强工人阶级的斗争。

大资产阶级在新的阴谋之下，必将竭尽全力向工人阶级进攻。他们一方面残酷的屠杀工人，利用法西斯组织迫害工会；另一方面进行欺骗宣传，说“工人阶级不必为自己的利益斗争，革命成功后（即大资产阶级统治的成功）自然都会变好”。这些都明显的说明了大资产阶级企图利用铁血政策，消灭工人阶级独立的政治地位，使工人阶级变为它的附庸；使国民革命的成果，完全符合资产阶级的利益。

因此，工会组织当前的任务是：一方面必须把工人阶级武装起来，或参加军队反抗法西斯的进攻；另一方面必须揭破一切改良主义的阴谋，严防改良主义渗入工会内部，并且必须为工人阶级的经济利益坚持斗争。通过经济斗争，不仅逐步的提高工人的生活水平，而且借助这种斗争促进国民革命的成功。

国民革命的首要目的就是打倒帝国主义。然而，帝国主义国家的工人阶级及殖民地半殖民地的工人阶级，都是中国革命的同盟者。为了取得这些同盟者的更有力的援助，中国工会组织必须与全世界工人阶级——首先是苏联的工人阶级，建立更密切的联系，尤须与太平洋区域的各国工人阶级建立紧密的团结。

过去，全国总工会虽然加入了赤色职工国际，但尚未与各国工会建立起密切的联系。虽然如此，各国工人在支持中国国民革命上都全力的支持中国工人阶级的斗争。因此，今后与国际上各国的工人建立更密切的团结，乃是中国工会的一项重要任务。

这些重大的任务已摆在全国工会组织的面前，而要完成这些任务，首先必须加强工会的组织。目前，我们工会的组织虽然有了巨大的发展（全国已有二百八十万有组织的工人），但是各工会还有许多严重的缺点。

第一，有的工会尚存在着行会主义的色彩，甚至还有的行会组织原封未动就挂出工会的牌子。我们必须与这类工会斗争。

第二，各个工会不论纵的组织（产业的）、横的组织（地方联合的），均未完整的统一起来。目前产业工会仅有铁路、海员、邮政等工会已有了全国的组织。我们今后必须加强工会组织的统一和集中，整顿组织系统。

第三，为参加生产管理，首先必须建立巩固的工厂委员会。全国总工会和全国产业总工会由于工作人员不足，难以担负起全国工会的领导重任。我们必须努力健全全国总工会及产业总工会的组织。

第四，目前的工人运动已超出了几个工业地区而扩展到各个县、市、镇。这些地区只有手工业工人，几乎没有产业工人。但是，这些手工业工人却是当地最有实力的群众。他们的斗争能给封建势力以严重打击。我们必须对手工业工人的组织和斗争给以极大的重视。

具体的规定这些策略，总结以往的经验，整顿工会组织，这些都是第四次大会所担负的具有重大意义的任务。所以说，这次大会较第三次大会的意义更万分重要。只有全国工人阶级重视和讨论研究这些问题，督促出席大会的代表，才能使这次大会获得重大的成就。

（中华全国总工会中国工人运动史研究室编：《中国工会历次代表大会文献》，工人出版社，1984 年，第 276–279 页）

红色工会国际总书记、苏联工会代表团团长洛佐夫斯基在中国第四次全国劳动大会上的贺词

原编者按：正好在泛太平洋工会会议开完一个月之后，中国第四次全国劳动大会也在汉口举行了。这次代表大会具有特别重要的意义，因为它是在一场不仅仅振动中国和远东，而且振动全世界的革命之中召开的。因此很显然，中国工人阶级及其工会组织在中国革命中的作用是当今争论最激烈的问题之一。这是太平洋各国工人阶级特别关注的一个问题。我们在本期的《泛太平洋工人》上发表在第四次大会上通过的一些决议。它们是关于工会统一的一些决议和一个直接致英国工会的呼吁书。在下一期我们将更加全面地讨论中国工会的这次代表大会。

我们提请我们的读者注意红色工会国际（中华全国总工会是它的最重要的会员之一）总书记洛佐夫斯基在这次代表大会开幕式上所致的贺词。他在讲演中以最生动和明确的方式提出并论述了中国革命的根本问题和工人阶级及工会在其中所发挥的作用的根本问题。这不是一般的贺词，因此我们予以全文发表。

我以苏联工会运动的名义，通过你们第四次代表大会向中国无产阶级和所有劳苦大众致敬。国际无产阶级怀着最强烈的

兴趣注视着中国革命及你们争取民族和社会解放的伟大斗争的盛衰兴败。正如同在伟大十月革命的尖锐斗争时期一样，现在世界分裂成两个阵营：中国革命的朋友和敌人。所有那些像寄生虫一样靠别人的劳动生活的人，所有那些相信只有靠资本主义和剥削亿万殖民地和半殖民地人民，世界才能存在的人——所有的银行家、地主、资本家、贵族和教会及其一切代理人——所有这些努力都是反对中国革命的；另一方面，所有被剥削的被压迫的人们，所有那些与万恶的资本主义剥削制度斗争的人们，所有那些真正与帝国主义作斗争的人们——他们所有的人在你们的伟大斗争中都是支持你们的，与你们共享胜利的欢乐，给你们分担失败的痛苦，他们都支持中国革命。

全世界都在以忧虑的心情注视着正在中国发生的事件，然而，与你们——中国的工人们在目的一致、纲领和策略一致的基础上联合在一起的全世界的革命工人尤其是这样。中国工会加入了红色工会国际。因此红色工会国际自然特别渴望看到你们第四次代表大会的工作获得成功，以便中国第四次全国劳动大会能够成为中国革命发展历史上的一个重要的和决定性的里程碑。为了使你们的代表大会在历史上占有中国无产阶级所应有的位置，代表大会对中国革命目前所面临的一些最重要的问题作出回答并制订出中国无产阶级在目前革命阶段的任务纲要是必要的。

我们走到一起来不是为了相互聆听唱高调的空话，而是为了严肃的革命工作。因此，我将冒昧地简单叙述一下争论最激烈的一些问题和使得当今国际劳工运动忙于处理的一些问题，因为所有这些问题的正确解决都将决定中国和世界革命的命运。

我想指出，虽然我做一个中国人的资格还很不成熟，但我还要冒昧地来谈谈你们在中国革命中的问题和任务，因为尽管中国革命有其特有的性质和形式，但是中国革命是沿着已经仔细研究出来和既定的历史规律的路线进行的。马克思和列宁所议定的这一历史规律也同样适合于中国。正是从马克思主义和列宁主义的革命理论和革命实践出发，我想探讨一下中国工会和工人阶级目前所面临的一些问题。

革命是什么?

首先，革命是什么？革命是阶级斗争的最尖锐的形式。这就是说革命和反革命双方都是以社会的一定的阶级为基础的：站在革命方面的那些阶级其目标是建立一种新的社会秩序和新的社会关系，而所有的反革命势力则竭力保留旧的社会制度并使它永久化。但是一场尖锐的阶级斗争要不发生内战是不可能的。因此，每一场革命所提出的问题是不能想象的，因为这些问题涉及整个阶级的利益和历史上还没有统治阶级为了其它阶级的利益而自愿放弃他们自己的特权和权利的例子。没有和平革命这回事。革命中的最重要的任务就是争取千百万人民并使他们参加这一运动，当这一工作完成了，当千百万人参加了这一斗争，那么革命就一定会取得成功。

但是革命的成功在很大程度上取决于这样一种情况，即我们是否对反革命作斗争以及我们如何进行这一斗争。假如我们记住，构成反革命基础的各整个阶级或集团都是为了私利而企图恢复事物的旧秩序的，那么我们便将会看到反对反革命的斗争所具有的双重性质，即政治的和社会经济的。在国民政府地区活动的反革命势力的危险性并不比在武汉政府控制以外的地区活动的那些反革命势力要小。

反革命的社会基础

反革命是建立在什么阶级和集团的基础之上的？一、地主（土豪）；二、绅士（劣绅）；三、买办；四、大商业、大工业和大金融资产阶级；五、与富有阶级相联系，并一心只图谋盘剥群众的一部分军人；六、外国资本及其银行和其它渗透机构；和最后——七、帝国主义列强，它们与中国的反革命有着千丝万缕的联系并准备和愿意通过它们正式和非正式的代表随时支持它。记住，所有这些阶级和集团都相互有种种的联系并富有组织经验，还有，它们控制市面上国家的经济神经系统并拥有由它们任意支配的庞大的资产。假如你们记住了这一点，那么你们便将会认识到反革命是如此的强大和危险。

一些危险的征兆

你们想要例子吗？我将列举一些。有必要证明地主和绅士是反革命吗？难道不是有湖南和湖北地主和绅士组织了对农民协会的破坏吗？任何人都不否认这一事实。那么是谁在几个星期以前制造了金融危机？是谁组织了对国民党政府发放的货币的抵制？正是外国银行勾结了地方上的金融、商业和工业资产阶级干的。还有人会怀疑组织一场金融大恐慌和对货币进行抵制的行为就是一种反革命行为吗？难道萧荼应（音）的叛乱和湖南的一段插曲还不能证明在国民军官中确有一些只待时机一到即起来反对革命的公认的反革命分子吗？

湖南的流血事件是值得认真反省的一件事情。我们看到什么情况呢？就在国民革命军迅速向前推进的时候，从革命队伍中突然冒出来一些人，他们自我暴露出是革命的和中国人民的最可恶的敌人。更为荒唐的是，就在数百、数千名劳工和农民领袖在湖南惨遭杀害之时，武汉政府竟采取了一种观望等待的立场，后来又派某人去同杀人凶手进行谈判和“同他们讲理”。所有这一切都意味着什么？谁会相信对反革命可以“姑息迁就”或“进行劝说”？反革命必须予以消灭而不是进行劝说。这一点还没有完成。我们所亲眼目睹的，不是去消灭反革命，而是赵林（音）将军与湖南杀人凶手之间不可思议的谈判。

我要再总结一次：这一切意味着什么？还有，就在几天以前，朱培德（音）将军把所有的政工人员、共产党人和国民党左派党员都统统逐出了江西省，查封了一切工人和农民的组织。虽然，朱培德将军自封为是一个革命的将军。但是，这位“革命”的将军究竟想投靠什么样的势力？此外，每一个将军究竟要在什么样的形势下才能为所欲为呢？

发生在江西的事情是朝着恢复事物的旧秩序的第一步；这是反革命。这表明，反革命在前线的这一地区也很活跃。我们从这些事实中将得出什么样的结论呢？只有一个结论，那就是：所有的将军和军事力量都必须置于城市和农村的劳苦大众的监督之下。如果做不到这一点，那革命就会失败。

我们从俄国革命的经验中知道反革命是如何准备政变和如何得到外国帝国主义列强的支持的。在 1918 年，我们当场逮捕了英国领事洛克哈特，他给了君主主义者金钱，组织了种种阴谋活动，等等。法国领事诺伦斯出钱去爆炸桥梁和铁路并组织暴动等。英国、法国、美国和日本帝国主义者都是通过内战向反革命提供金钱和武器的。你们当然都知道，帝国主义者正在支持张作霖、蒋介石和其它军阀。难道你们竟会相信萧荼应的叛乱和湖南事件是在与帝国主义列强代表们没有任何联系的情况下发生的吗？假如我们一旦忘记：为了扼杀中国革命这唯一目的，帝国主义者会随时准备并乐于煽动任何的阴谋活动、任何一帮土匪和反动分子，给他们出钱出枪，派顾问和教官去帮助他们并在自己的租界内为他们提供避难所，等等，那么我们无疑便将成为天真的孩子。

你们知道，反革命是一种需要加以清算的势力，因此必须同它进行斗争，不是用言语，而是用行动；不是通过谈判，而是通过暴力进行斗争。我们必须在二条战线上同反革命进行斗争，即政治上的和经济上的。首先我们必须使反革命在经济上无活动能力，即必须绝对完成农村中的土地革命和必须对城市中的银行和大工业实行国有化，从而给反革命一个致命的打击。

土地革命将使反革命彻底瓦解，它将使革命力量增加十倍。这就是为什么工人阶级及其工会必须最强力地要求立即没收地主的财产、把绅士从乡村中赶出去和用一种选举产生的村地方政府机构的民主制度来取代村里的旧有的腐朽的行政管理制度。我知道，有些人会被这样一个计划所吓跑，但是那些害怕土地革命的人并不理解，这是通向胜利的唯一之路，不进行土地革命，中国在未来数十年内仍将是帝国主义和军国主义的牺牲品。

叫嚷“过火了”

由于反革命甚至很经常地渗入革命组织的心脏，在那里散布恐慌和挑拨离间，费尽心计在迷惑和搞乱群众，使反对反革命的斗争陷入困难。我将举一个例子。你们肯定已经注意到，就在湖南流血事件前夕，到处都能听到关于“过火了”的流言蜚语。湖南数百万农民的强大运动被歪曲成了一种“过火行动”的画面。在一引起孤立事件中所犯的错误——这样错误在群众运动中是难免的，被普遍化了并被归因于整个的运动，湖南农民被以最最卑鄙的方式描绘成了强盗和流氓。对湖南农民运动的毁谤究竟是为了谁的利益？谁将会通过把湖南运动令人厌恶地描绘成了一系列的“过火行动”而得到好处呢？当然只有地主、绅士和反革命。进行这一切煽动的唯一目的是为军队发动一场反革命政变作准备，并在群众中散布对湖南农民及其组织的怀疑。必然的结果便是我们已亲眼目睹的反革命政变和流血事件。你们因此看到：表面看来很简单的“过火”问题却是我们革命政策中的一个大问题。由于受到土地革命的打击，地主和绅士们发出了惊慌失措的叫喊声，而许多革命者在不理解“没有过火行动的革命是不能想象的”这样的一个简单的道理的情况下，不自觉地接过了这种叫喊，并也开始胡说起“过火行动”来。

不，没有过火行动的革命是不能想象的！有那么一些人，他们想象革命是用舞厅的方式进行的：那里的舞场地板上聚满了在和谐的韵律中翩翩起舞的一对对男女和那里的节目单上的每一个节目都是戴上白手套进行表演的……但是，同志们，那不是革命，那是对革命的一种曲解。进行一场已经唤起了千百万人民参加的革命不会像在舞厅木条镶花地板上那么顺当。革命是某种痛苦和残酷的事情。当被贫困和饥饿压迫得感到绝望的没有文化和不识字的群众起来时，他们，几乎不考虑要“举止温文尔雅”和要用“沙龙”方式。你们必须记住，正是这引起落后的、没有文化的穷困潦倒的农民群众在保卫和向前推动着一个历史性的进步事业，而那些所谓的和自称的“文明的”欧洲人和美国人及他们的中国军政傀儡们却正在干着世界反动派的肮脏勾当并正在把中国和全人类拉回到泥潭中去。所有这一切都必须记住。只要农民的要求一得到满足，那么所谓的“过火行动”便将会停止。

民族的和阶级的利益

还有另外一种理论，大意是说，工人和农民们正在追求“狭隘的自私的利益”，而不是整个民族的利益。这一理论的异想天开的创造者们因此开始要求约束和限制工人和农民运动。这一理论对革命是非常危险的。在过去，它曾多次成了反革命的先兆，在目前也不排除这一同样危险。事实上这种理论究竟意味着什么呢？这意味着，只要求工人和农民满足于“纯粹的政治目的”，而不必满足他们的经济要求。换句话说，这意味着，城市和农村中旧的社会秩序和阶级关系将保持不变。而且，难道工人和农民们要求满足他们“利己主义的需求”就错了吗？或者就是坏事吗？或者，难道你们现在会相信“即使广大工农群众不为他们的利益而斗争，革命也是可能的这一点吗”？

我们经常听到“首先是民族，然后才是阶级”这种说法。那么什么是民族？对我们而言，一个民族是一个特定国家的人口的绝大多数。而对资产阶级来说，民族仅仅是由有产阶级构成的。不管如何看待这一问题，很清楚，谁反对工农的“自私”利益，谁就是反对革命和反对中国人民的利益。

幼稚病理论

我还想简要地谈一谈与此有关的另一个所谓的理论，即关于“中国劳工和农民运动的幼年期和幼稚病”的理论。这一理论最近颇为盛传，对此谈论得很多，也写了不少东西，甚至某些工会领导人也被它传染上了。我坚决反对这一理论，因为它为谋求革命的劳工运动中一种非常危险的做法提供一个基础。

这一关于劳工和农民运动幼稚病的理论究竟是什么意思呢？假如它是指中国的劳工和农民运动还年轻，那当然是对的。但是难道中国的其它革命组织就不年轻吗？中国商会是够老的，但是它知道他们的政策对劳苦大众来说是不能接受的这一点吗？显然，这种理论是很荒唐的。这种理论还想表达其它某些东西，即工人和农民组织目前在政治上和思想上都还处于幼年期，因此它们必须被置于某些监护人的经常的观察和监督之下。有人建议，它们必须“重新组织”，新的领导人必须由上面指派，等等。所有这一切我们都必须予以最强力的反对，因为它是针对工农组织的革命领导权的。让已经建立了自己的组织和协会的千百万工人和农民自己来纠正自己的错误吧！决不允许把那些毫不了解劳苦大众生活和工作的局外人强加给工会和农会并来领导它们。

另一个重要之点是：犹豫不决和动摇不定是革命时期最危险的事情。那些企图对革命与反革命进行调和的人是内战时期最最危险的人。现在武汉就是充满了这样一些理论的鼓吹者，他们把扮演革命和反革命之间的和事佬和调解人的角色作为他们的专业。这些和事佬正力图使武汉政府与蒋介石和解。但是，与蒋介石的和解意味着什么呢？这将意味着使他的叛变正当化和认可他处死无数工农的行为。谁赞成与蒋介石和解，谁就是革命的敌人和中国人民的敌人。每一个真正的革命者和有阶级觉悟的工人都应当知道这一点。不妥协、不同反革命和解和不同蒋介石和解——这些就是应当书写在所有工会旗帜上的口号。

中国工会和中国革命

同志们，最后请允许我谈一谈要求中国工会解决的那些专门问题。中国工会通过自己的斗争证明它是工人阶级当之无愧的领导者。他们已经证明，他们是把整个工人阶级的利益置于这一个或那一个集团的利益之上的。中国工会最近的抗议罢工还可以证明，他们准备与反革命斗争到底。一句话，中国工会已经证明，他们是他们已经加入的那个国际所值得敬重的革命的阶级组织。

但是，同志们，你们在这一短期内所完成的工作是不够的。首先，你们必须把广大的劳动群众争取到工会中来；你们必须对法西斯工会宣告并进行无情的斗争；你们必须同所有那些企图使革命工人加入这些法西斯组织的人作斗争。你们必须与群众建立起有组织的联系；你们必须提高和鼓励每一个工会支部中群众的首创精神和活动能力；你们必须从下面发现新的领导干部，必须颁布具有深远意义的社会立法，保护劳动的男子、妇女和儿童的健康和劳动。你们必须认真注意在矿业、铁路、水上交通、金属和纺织业等这样一些重要的产业中组织工人，每个产业都必须在全国范围内组成一个坚强的、巩固的产业工会，必须建立一个工人、农民和士兵的战斗的革命联盟，在共同反对反革命的斗争的基础上联合城市小资产阶级。而且必须加强和加深中国工会同太平洋劳工运动，特别是同苏联、日本、印度的工人的兄弟联盟。中国工会必须更积极地参加红色工会国际的工作和建立与全世界革命劳工运动的紧密联系。

这一些就是中国工会运动和中国革命所面临的重大问题。我深信，在这一危急时期召开的中国第四次全国劳动大会必能找到正确的路线并在正确的革命道路上领导中国的劳动群众。你们是继苏联工会之后在红色工会国际中最大的一个工会，我相信，你们必将光荣地完成历史赋予你们的使命和必将领导中国革命直至最后的胜利。

打倒反革命及其一切支持者！

打倒所有图谋同反革命妥协的人！

打倒法西斯工会及其组织者！

土地革命万岁！

城市和农村的一切劳动者的联合阵线万岁！

中国革命工会万岁！

联合的、战斗的工会国际万岁！

（徐洪福译自《泛太平洋工人》第 1 卷第 1 册，第 21–25 页，泛太平洋工会秘书处，1927 年 7 月 1 日在中国汉口编印）

第四次全国劳动代表大会开幕了*

陆定一

在帝国主义正磨牙砺齿，想发动世界大战的时候，在资产阶级正反叛革命，屠杀民众的时候，国民革命先锋之先锋——中国无产阶级的代表们四百余人，集中在被反动势力包围封锁的革命首都武汉，举行他们的第四次全国劳动代表大会，这该是何等有意义的事！

自从第三次劳动大会在广州开过了以后，直到现在，有组织的工人数量，已从一百五十万增至二百七十万。工人在革命中的伟大事业，则有南方之省港大罢工，上海之工人武装暴动，华北工人之援助反奉战争。同时，乡村中的农民运动也迅速发展。只粤、湘两省，农民协会已拥有一千万有组织的农民。除此之外，山东、河南的红枪会、天门会非常普遍，陕西时常有“交农”行动，江浙农民亦在起来，周水平烈士为此殉难。在国际上，苏联的社会主义建设日益巩固，西欧工人重新有了左倾趋势，殖民地革命更是风起云涌，全地球各处都在起来，并且在布鲁塞尔大会上，他们表现出了世界性的团结。这是一年以来，革命势力之山洪怒发，一日千里的状况。

---

* 本文原载《中国青年》一九二七年第七卷十七号，署名：定一。

资本主义越到临死越显出他的凶焰！最是日薄西山的英帝国主义，就是反革命最起劲的一个。他们内部的冲突不能解决，甚至本国的革命不能解决，但它懂得革命的国际性，而急急的要挑起世界大战，以消灭无产阶级专政的苏联与民族革命先锋的中国革命。中国资产阶级的反革命是帝国主义之大胜利，帝国主义有了新的工具以压制中国革命。这个新工具团结了一切封建势力——军阀、地主、劣绅、土豪，向革命作殊死的进攻；它用法西斯蒂的手段以镇压革命；它用改良主义的口号以麻醉民众。因此，在中国发生了大流血、大杀戮以及黄黑色的工人组织。道高一尺，魔高一丈，这是一年以来，反革命营垒里的大发展。这大发展显出资本主义垂死时之凶焰。

因为革命与反革命的势力都有很大的进展，因之，革命与反革命的争斗就也日趋于激烈；而放在世界革命先锋——中国无产阶级面前的责任，也就加倍加倍的重大！

不久以前，中国无产阶级的政党——C.P. 与 C.Y. 都开了全国大会，在反动势力屠杀革命者杀得正酣的时候，决定了目前中国革命的责任，看清了中国革命的前途。又不久以前，太平洋劳动会议在武汉开会，团结了太平洋沿岸的工人阶级，而决定他们目前一致的任务，这是给帝国主义一个打击。因为帝国主义以太平洋为其屠场，而被屠杀的工人阶级现已觉醒，并且团结起来了！中国工人阶级的代表大会在这两个大会之后开幕，而且赤色职工国际领袖罗若夫斯基亦正在中国，我们可以相信，这次大会一定能指示中国革命的领导者——无产阶级以新的战斗之路！而决定胜利的前途！

放在大会面前的，有几个中心问题。第一个最主要的，就是怎样去领导它的友军——农民与小资产阶级，并与之联合革命，武装自己及建设革命政权。第二个是怎样打倒反革命的统治，打倒蒋介石，打倒军阀，打倒土豪劣绅，打倒白色恐怖，打倒改良主义的欺骗。第三个是怎样引导更广大的工人群众为战斗员，怎样引导他们去做本身争斗，怎样更启发他的阶级觉悟，更加巩固自己的营垒。第四个是怎样与国际的工人阶级亲密地联合起来，拥护革命的大本营，打倒帝国主义！大会应当对这四个问题，很决断的作复！

中国工人是世界上最苦的。中国工人以青年工人占大多数。中国的学徒童工，比谁都更苦！站在 C.Y. 自身的地位上，我们要求大会注意这些问题。站在革命的立足点上，我们更十二万分迫切地要求大会，注意此从来不大注意的严重问题。

第四次全国劳动大会在省港罢工二周年纪念日召开，在革命者的鲜血染遍了中华的时候开会，在反革命势力与革命势力短兵相接的时候开会，会址不在交通便利的反革命的上海，而在严重封锁中之革命根据地武汉。我们可以断言每个代表都抱着满腔的热血，铁般的决心！战士们呀！万钧的责任放在你们每人的身上！恭祝你们努力！

（依照人民出版社 1992 年《陆定一文集》订正）

第四次全国劳动大会秘书厅通报 *

郑州、开封、九江、南昌、上海、长沙、西安各报馆转各机关、各团体暨各界同胞均鉴：本大会于皓日开幕，前已电达。哿日正式开会，到会代表372人。上午第一次会李立三作政治报告，下午第二次会讨论。马日到代表381人，上午第三次会继续昨日讨论，各地代表相继发言，其要点一致主张工人武装起来，与农民、小资产阶级结成巩固的革命同盟；打倒反叛革命、代表大资产阶级的蒋介石及其走狗□□□、许克祥等；反对反革命的白色恐怖及欺骗工人的改良主义，并一致严厉的表示反抗帝国主义出兵武力干涉中国革命及向苏联进攻等语。下午第四次大会，赤色职工国际委员长洛佐夫斯基报告世界职工运动。养日到会代表285人，上午第五次会，汪精卫作政治军事报告，其要点在政治上为工农及工商业者结成联合战线，与国民党国民政府共同奋斗，实现非资本主义的革命前途；在军事上须于最短期间剿灭蒋介石、□□□及杨、夏诸逆。次，中国共产党领袖陈独秀先生演讲，其大意为四次劳动大会各具特殊之点；此次大会后，应联合农民、小资产阶级向帝国主义及大资产阶级进攻；工人阶级应扩大其组织力量，努力作经济与政治的斗争等语。最后通过各代表临时提议四项：（一）请国民

---

* 本文原载一九二七年七月八日出版的北京《晨报》。

政府禁止停止工农运动；（二）参加六二三沙基惨案纪念大会；（三）要求国民政府明令朱培德即刻恢复工农运动，并迎回被迫离赣之政治工作人员；（四）全体代表向国民政府请愿，立刻出兵讨蒋。每一提案通过，全体掌声雷动，高呼口号，革命空气异常紧张。下午第六次会继续讨论世界职工运动报告。对于洛佐夫斯基报告，完全接受。梗日上午全体参加武汉各界纪念六一一、六二三及追悼北伐阵亡将士与各地死难烈士大会。下午第七次会，到会代表385人，由刘少奇作会务报告，全体代表对于中华全国总工会过去一年余的工作表示非常满意，并通过决议，散会。第四次全国劳动大会秘书厅叩。

（中华全国总工会中国工人运动史研究室编：《中国工会历次代表大会文献》，工人出版社，1984年，第279页）

广州反革命派摧残工人纪实*

第四次劳动大会广东代表团

革命的发源地广州，现在已变成反革命派的巢穴了！革命的团体统统被封，努力的同志多被杀捕，这就是四月十四日以后的情形。敝代表团十六日离广州，当日事变惨状，知之颇详，兹持缕述于下。十四日上午，报章已载有反对武汉政府及共产党的新闻，我们已知情势非常严重，但却料不到反革命派若此的毒辣，孰知举军阀所不敢为之者，而□□□□悍然为之矣！十四日晚十二时，广州市面忽特别戒严，交通断绝。直至二时，而罢工委员会、东园纠察队，已被包围，粤汉铁路工会、广九铁路工会，亦即起首与机器工会冲突。

一、罢工委员会因事起仓卒，无所戒备，被其重重包围，水泄不通。至十五日早，情势更为严重，分四路包围，军队擎枪待发。至下午，钱大钧军即冲锋直入，占领各部分，当残军冲入时，见物便抢，家私什物洗劫一空，有二银钱保险箱，匪兵一见，群以枪冲击，久不能破，遂整个扛去。东园罢工纠察队同样的受包围，枪械完全被缴，训育人员完全被捕。

十四日早全市戒严，水陆交通完全断绝，各罢工工友不能

* 本文原载一九二七年七月出版的《革命工人》第二号。

前往饭堂，饿了一顿。南华楼数十工友，因被军队包围，竟两日不得饮食，饥寒交迫，一种壮烈的呼声与小童悲凉的啼哭，合成一片，真是目不忍睹，耳不忍闻。现在罢工委员会为特别委员会接收，徐天深、胡春林及一般腐败工人领袖，盘踞其中矣。

二、广州工人代表大会，同时被捣毁，捕去职员多人。捣乱后，为机器工会、广东总工会，（反动工会）勾引军队前往拆毁。工代会所属工会，通通被封，职员被捕，这都是机器工会、广东总工会所领导军队共同动作的。

三、铁路工会十四日晚二时，粤汉与广三两路，即与机器工会武装冲突，双方激战一夜，互有死伤。清晨，钱大钧旅派兵一团到，铁路工会亦有农军相助，但势不力敌，被缴械。是与粤汉方面，死农军及纠察队二百余人，广三方面，死数十人。

四、中山大学同晚被包围，二时，冲入学生寄宿舍，有孙文主义学会派及士的党为领导①，捕去学生五十余人，并有女学生多人，事起在夜深，女学生都已解衣而睡，在梦中强被拽起、捆绑而去。此种行为，实有过于土匪的绑票。总而言之，无论是否共产分子，要是革命同志，便认为是共产党员，具有捕杀之罪。

其余香港总工会、妇女解放协会、省农会，具被封捕人。驻于芳村的保卫团（纠察队改编的），驻于燕塘的入伍生，均被缴械，并死多人。

十四日至十五日，共捕二千余人，因监狱已满，囚于戏园之内。然而被捕入狱之同志，非但毫无恐慌，并且高唱《国际

① 原文如此。

歌》、《少年先锋》，亦云壮矣！

苏兆征、李森同居一宅，是晚二时，破门而入，苏已来汉，李森欲改装而逃，卒不能免，李森夫人，闻被侮辱，该宅器物，捣毁无余，衣物被劫一空，李森捕去，问以是否共产党？李森说："我是做工农运动的，你要说我是共产党，那么，所有工农，都是共产党了！"话犹未毕，砰砰两枪，已从其左右腿穿过矣！入屋捕人时，不见苏兆征，欲捕其老夫人，后得苏一幼女强拉不放。至十七日，工农团体仍发传单，说明蒋李阴谋反动武力屠杀。派传单者，有海员妇女学校邓金娣、罗大妹、周翼华，海员童子团黄培、何金当被捕，旋即枪毙。十七日，枪毙二十余人，具以布蒙首，不能见其面目。总之，被捕者具有性命之虞矣！现在广州公安局的侦缉，随时可入屋捕人，随时可以封闭工会。并且又与香港政府勾通，在香港捕人。有出席太平洋劳动大会之菲律宾代表六七人在港被捕，逮解回广州，严密监察。

广州这次事变，我们看出：蒋李已投降资产阶级，是代表资产阶级买办阶级向工农的进攻。因为事前大买办阶级陈廉伯，香港帝国主义大走狗何世光、陈恭寿等，已来广州。这些人，从来不敢到广州，这次飘然而来，显然是有阴谋了。事后，香港大商人和买办阶级，设酒鸣炮致贺，而陈廉伯一登而为省政府要员。这就是一个铁证了。我们十六日已离粤，以后事情，不得而知矣！

（中华全国总工会中国工人运动史研究室编：《中国工运史料》总第 17 期，工人出版社，1982 年，第 128–130 页）

许克祥叛变的经过

劳动大会赴湘代表团报告
附湖南党部及各团体组织概略

中华全国第四次劳动大会代表团十五人于上月十四日赴湘考察，本拟十八日返汉，不意十七日在武汉附近发生夏逆叛变事件，蒲圻一带车路毁坏，遂不举行，迟至二十一日，又发生许逆克祥反动事，各代表被迫分散，至二十九日后始先后回汉，闻尚有二人不知下落。该代表等返汉后，即将许逆叛变情形及湖南党部及各团体组织概略报告全国总工会，兹摘录其最关重要者，想亦阅者所乐闻也。

五月二十一日，外面空气异常紧张，午后街中行人即已稀少，在晚间十时左右，突闻枪声四起，射击甚密，代表等在寓所亦无法外出探联消息。枪击至黎明始息。后得消息，知是晚驻长沙三十五军三十三团许克祥团长命令部下，在右臂上挂白布标记，于十时左右，径向湖南省总工会攻击，毙纠察队四人，女同志二人，男同志一人；旋再向省农协进攻，击毙十余人，有无负责同志不得而知；旋又至省党部捕去同志数人；同时省商协、市商协、省党校运动讲习所，均被捣毁，党校同志死五人，讲习所死二人，所有各处器皿物件，全劫一空；妇联学联，情形不知其详。次日，街面之口号为“打倒暴徒分子”。一面又召集省党部照常办公，首先恢复商协。各工会被捣毁者，不知其数。闻长沙西门外，许逆曾秘密枪毙七人，是否工会负责人，不得而知，惟码总委员长贺同志被杀已证实。工人纠察队、农民自卫军，有一部分已被缴械，其余现集中湘潭。至中央政治第三分校学生已完全改用白色标记，左派同志完全离校，学生沿途讲演，大都拥护蒋介石。政府委员离开者颇多。总之，最近之长沙党务军事政治，均被军队独裁。最近消息：四日，政府被围，省党部改组，另设救党委员会云。

又云湖南党员数量在二千万以上，有组织的工人在六十万以上，农民组织在五百万以上，商民组织在二十万以上，中学以下学生有组织者六十万以上。各团体之负责领导及干部同志，均能努力，已组织之群众，亦均能彻底革命。惟妇女运动比较稍逊云。

（汉口《民国日报》，1927 年 6 月 9 日，
第三张新闻第五页）

1928年—1930年中国职工运动状况（节录）

罗章龙*

自“二七”到一九二七年武汉“共产时代”，证明中国工人运动是遵照国际工人革命运动的历史法规勇猛地向前发展的时期，一九二二年第一次劳动大会有组织的会员二十四万人，一九二五年第二次劳动大会为五十万人，一九二六年第三次劳动大会为一百二十四万人，一九二七年在武汉举行第四次劳动大会时期则激增至二百八十四万人，从这个飞跃的步骤中可以看见中国工人运动的发展已成为一种不可抵抗的伟力，它确已缩短历史行程，在革命中起了积极的领导作用，她成为一九二五至一九二七年中国大革命的主干柱石，世界赤色职工国际的强大的支部。这是人们都承认的。

但是我们绝不能因此便忘记了当时政治上机会主义领导所做的种种错误，在广州第三次劳动大会的时候，右倾机会主义的思想便开始向工人运动进攻。在那次大会场上机会主义者为巩固与资产阶级的联合战线，连“阶级斗争”四个字都不敢说。这个右倾思想到一九二七年六月十九日武汉第四次劳动大会表示的尤为露骨，那时公然主张“工人阶级革命并不是为本阶级

* 本文发表时，署名：文虎。

的利益，而是为完成国民革命”，主张“纠正许多无组织的、幼稚的、可以引起资产阶级反感的行动（指工人的经济要求）”，并主张“同时保障小地主和自耕农的土地所有权”。（上述诸语均见一九二七年出版第四次劳动大会小册子政治报告第二十七至二十九页。）这一切机会主义的表演，当时确实给予中国工人运动以极坏的影响，破坏了她的阶级性，阻碍了阶级斗争的急剧发展和深入，这与后来接踵而至的中国工人运动的厄运有因果关系的。

中国工人运动既然遭受机会主义错误的政治领导，在一九二七年七月武汉政府公开反动后便转变到一个艰难的斗争时期。

这个时期，中国资产阶级用尽平生气力在思想上和组织上向工人阶级阵地施以猛恶的袭击，各式各样的争斗战术统被敌人采用企图消灭工人阶级的力量。改良主义的宣传如“劳资合作”、“阶级协调”、“训政建设”等等鬼话闹得乌烟瘴气！分裂工会的政策积极进行。御用黄色工会的组织普及于各大城市与工业区域。劳资调解与仲裁机关到处成立起来，帝国主义与社会民主党（阿姆士坦国际，国际联盟劳工局）等更是站在中国资产阶级的背后指手划脚传授他们的“劳工政策”的衣钵。

这是中国工人阶级艰难斗争的时期，国民党的白色恐怖、改良主义的虚张声势、法西斯蒂的凶横暴行吓退了许多懦弱无用的分子走向悲观失望的取消派道路，吓昏了许多阶级认识浅薄的分子走向另一极端的非无产阶级意识的道路（盲动主义、脱离群众、强迫罢工等）。只有伟大的工人阶级却是勇敢、沉毅、采取一切有效能的千百次斗争方略，努力与敌人鏖战，冲破了敌人的严阵，不断争取他们的胜利。

现在我们可以说：中国工人阶级斗争的局势显然又到了一个新的时期。改良主义的种种阴谋和企图，曾经震骇过那班庸俗人的耳目的，到此也不过是昙花一现罢了，他们是完全裸露了最反动的原形。为群众所痛恨、所唾弃。全国工人群众虽然目前还没有大多数回复到赤色工会旗帜之下，可是赤色工会已有了相当的新基础，随着斗争的猛烈浪潮，已走向生长壮大的过程中，他的前途是有无限光明的。

（中华全国总工会中国工人运动史研究室编：《中国工运史料》第23期，工人出版社，1983年，第105–106页，第191页）

中国劳动运动之史的发展（节录）

高振青

一九二七年六月十九日以下列的口号而召集第四次全国劳动大会于汉口。

一、全国工人阶级联合起来！

二、工人阶级武装起来！

三、防御资产阶级欺骗工人的改良主义！

四、打倒屠杀工农的□□□□□□□□□□！

五、要求参加各级政治机关！

六、要求参加国有产业的管理！

七、要求没收帝国主义手中的一切重要产业！

八、要求与社会经济有重大关系的产业收归国有！

九、为工人阶级生活的提高继续争斗！

十、要求八小时工作制！

十一、要求立即颁布劳动保护法、工厂法！

十二、要求国会立劳动保险！

十三、全国工会都统一在全国总工会之下！

这次大会有四百二十九人的出席，代表有组织的劳动者二百七十一万一千七百九十人。现且就它那各地之产业的状态表示起来，则为：

代表团名	代表数	代表工人数	各代表决议权
铁路代表团	二六	一四〇，〇〇〇	二
海员代表团	三二	一〇〇，〇〇〇	一
邮电代表团	一三	五三，〇〇〇	一
粤桂代表团	一六	五二〇，〇〇〇	一一
浙闽代表团	一八	三八〇，〇〇〇	六
上海代表团	六六	七六〇，〇〇〇	四
江西代表团	一七	二一〇，〇〇〇	四
安徽代表团	八	八八，五〇〇	四
湖南代表团	三一	五〇〇，〇〇〇	五
湖北代表团	一六二	五三三，五三〇	一
四川代表团	八	一〇六，一五〇	四
北方代表团	二二	三一三，六一〇	五

……

第四次大会要求全国的工会对于妇女及童工的组织及训练须比以前格外要注意。决定在这些组织母体的各工会中须设置妇女委员会和少年或徒弟委员会。

除以上关于新式产业、劳动者、徒弟、妇女及童工之一般的要求以外，又决定关于保护工厂劳动者等的特殊要求。

解决劳资间纷争的方针决定采行如次的三种。（一）由于劳资间的交涉。（二）由于劳资两方选出代表的仲裁之判。（三）由于罢工。

关于失业问题亦有具体的决定。失业者救济须由政府的补助金及资本家支给失业者在失业前月收之半来办理。失业者救济的组织及金钱的分配须由劳动者自己执行。工会统制工人之一切的雇佣问题。在雇佣劳动者时工会会员要有优先权。工人设置劳动介绍所须隶属于工会的统制之下。

上海及广州等处所发生的法西斯工会，第一目的在破坏革命的工会。第四次大会决定对于这种法西斯工会者组织须作彻底的争斗。又指明对于加入了这些工会的群众使他们知道他们指导的反革命的性质之最最有效的方法是在加紧改善劳动及生活条件的经济斗争。

关于组织问题，力说在目下一天天复杂化的中国政局下面特别地重要。中国的工会虽在原则上承认产业工会主义，但因大多数工人尚是从事手工业以及有地域的对立等关系致遭了很大的障害。第四次大会关于组织问题所决定的重要地方是依各企业或各产业而在单一工会的原则之下组织产业工会。这些工会又须组织在市、县、省，全国总工会之下。现在用图表示明如下。

（一）

全国总工会——各省的全省总工会
- 各县总工会
  - 各市镇工会
  - 各业的工会或支部
- 各特别市总工会

（二）

全国总工会——各全国的产业工会
- 各省产业总工会——各工会
- 各特别市产业总工会——各工会

关于工农的关系问题，第四次大会以为工人阶级和农民是中国革命中两大主要势力，要是这两势力而没有密切之有机的结合，那么决不能完成中国的革命，所以对于所有的工人和工会，特发布如次的指令：

（一）援助农民铲除封建的势力。

（二）尽一切的手段助成农民组织自卫队。

（三）拥护农民在村落中设立民主的自治政府的要求。

（四）援助农民反对高税高地租的斗争。

（五）和农民建立巩固的革命联盟。

这次大会中尚有英、美、法、俄、日本、朝鲜等国代表的列席，足见中国工人阶级是非常国际化的。

（《流沙》，第四期，1928年，第104–112页）

第四次全国劳动大会（节录）

中华全国总工会鉴于民国十六年四月间国民政府当局对于上海总工会之苦迭打，认为有举行第四次全国劳动大会之必要，曾于同月发表中华全国总工会召集第四次全国劳动大会告工友书，及第四次全国劳动大会宣言二种。二者内容大略相同，大意如下：

（一）全国工友自第一次大会以后数次奋斗之结果，遗留伟大之功绩于世界。

（二）买办、大资产阶级，退出国民革命之联合战线，中国革命运动变为小资产阶级及农工民众之共同运动，而转入一新时期。

（三）本大会讨论下列事项：

甲、援助农民打倒土豪劣绅等封建制，并建设乡村民主政权。

乙、指导全国民众与小资产阶级成立农民革命同盟，以对抗反革命势力并白色恐怖。

丙、按太平洋劳动会议之决议，确立全国无产阶级之联合，俾反抗帝国主义者之结合并防止破坏苏维埃之阴谋。

（四）反对大资产阶级之阴谋，并提倡非资本主义之革命。

丁、促进小商人及小资产阶级之自觉。

戊、要求编订劳动保护法、工场法，及国立劳工保险制，参加国有产业之管理，并没收帝国主义在华所有之大产业。

己、确立并划一总工会之组织系统。

庚、教育宣传方法及工人武装方法。

该大会原定民国十六年“五一”节在汉开幕，嗣因太平洋劳动会议适于是日在汉开会，遂改定于该年“五卅”日举行。后因筹备事繁，交通梗阻，延至六月十九日始得正式开幕。兹将连日开会之重要事项，摘录于下：

六月十八日先在汉口血花世界举行预备会议，到各地代表400余人。此外尚有苏俄、爪哇、朝鲜等代表数十人。苏兆征出席。首由李立三起立演说云：“此次之会议，与前三次之集议不同。此次意义极为重大，即：（一）中国之劳动运动，今已划一新时期，吾人不可不巩固农工阶级之组织，以达成劳农革命之目的。（二）期望小资产阶级与劳农阶级巩固团结，协力联合，实行革命。（三）使政府担任救济被压迫之农工阶级，确立依劳农组织之农工政策。（四）农工阶级联合，打倒封建制度遗物及一切革命障碍物。”继复讨论议事日程、会议事项、进行方法等。并预定由十九日起正式开会，每日午前午后各开会一次。

十九日午后三时正式开幕。参加者有中国国民党、中国共产党、中国共产主义青年团、赤色职工国际及各机关各团体之代表共400余人，旁听者300余人。并通过大会之通电及通令。内容与四月间之宣言，大略相似。

六月廿日出席代表356人，李立三作政治现状之报告，重要节目如下：（一）“五卅”后之北伐运动—香港罢工—各地工人之援助北伐—上海武装暴动—北伐与工会之发展等；（二）大资产阶级背叛后之情况—革命之破坏手段—法西斯蒂主义；（三）国民革命之趋势—小资产及农工革命运动—工人参加改良问题—土地问题—非资本主义经济之建设。

六月廿一日出席者 381 人。赤色国际委员长拉斯布斯基报告世界职工运动，此外并有各地代表人之报告及希望。其主要希望如下：（一）反对白色恐怖；（二）区别真正之友与真正之敌；（三）巩固小资产阶级之联合战线；（四）没收帝国主义者手中之一切产业；（五）解决农民土地问题；（六）工人参加国有产业之管理。

六月廿二日出席者 380 人，其要点为今后应联合农民及小资产阶级，向帝国主义者及大资产阶级作猛烈之争斗，扩张劳动阶级之组织与能力，激励其奋斗，并使之努力于政治经济方面。最后提出临时提案四件，其主要者为请求国民政府勿取缔农工运动（湖北代表提出），及急速派遣讨伐军。均经通过。

六月廿三日出席者 380 人，有全国总工会过去一年间之报告，继提出会务议决案通过之。廿四、五、六各日，各地代表报告。廿六日通过失业工人保障案。

六月廿七日出席代表 420 人。由主席团之刘少奇，提出中国工会组织问题案，原案议决通过。

六月廿八日为大会最后之一日，是日上海代表提出反对法西斯蒂之议案，经大会通过。此外尚有各地各工会之决议案报告及女工童工之议决案等。

（王清彬等编：《第一次中国劳动年鉴》第二编，北平社会调查部，1928 年，第 372-375 页）

报刊报道

全国总工会招待新闻界

中华全国总工会，鉴于全国劳动大会行将开幕，大会意义，须先作普遍之宣传，然后始可使一般民众对此次大会得一深刻之了解。是以该会特于昨日下午一时，在普海春招待本埠各新闻记者，暨各团体作一联欢之宴筵，到武汉新闻记者联合会、《新闻报》、《楚光日报》、《革命生活》、各报记者，汉口特别市党部，总商会、商民协会、全省总工会、全省学生联合会、武昌市党部、夏口农民协会，及人民社、劳工社各通讯社记者三十余人。

首由主席苏兆征同志报告大会之意义：

（一）全国总工会领导工友作革命运动。凡六七年，在此六七年内，对帝国主义者及封建军阀，不断的反抗牺牲奋斗。中华全国总工会在中国革命过程中，实建立不少工作，此固然向封自诩，然而事实上实是如此。

（二）第四次劳动大会行将开幕。在此大会中，关于中国工人目前之工作及行动大纲，将有伟大之决议。此次决议，任务极重，尚须各界，尤其是商人同志予以援助。

（三）中国工人阶级的努力和发展，足以造成中国革命之长足进展，中国革命之长足进展，亦足造成世界革命之早日成功。

（四）蒋介石在东南反动，许克祥、杨森、夏斗寅在后防扰乱，摧残工农压迫革命，所以我们现在只有共同的奋斗、共同的努力，才能打倒这些反动派。

李立三同志报告此次大会之重要任务与目标，对于工农与小资产阶级必须联合之理论，言之尤为彻底。新闻记者联合会代表、汉口市党部代表及省学生联合会均有演说。各代表讲演毕，即尽欢而散，时已五下矣。

（汉口《民国日报》，1927 年 6 月 17 日，
第三张新闻第五页）

第四次全国劳动大会昨日开幕

午后三时在中央人民俱乐部举行
出席代表三百余人来宾两千余人

第四次全国劳动大会，昨日下午三时在汉口中央人民俱乐部举行开幕典礼，出席代表三百余人，各机关各团体代表两千余人。首由总主席苏兆征同志致开幕词，说明第四次劳动大会之特别意义与所负的使命。次赤色职工国际委员长洛佐夫斯基致训词，大意谓第四次劳动大会，对于中国革命的一切严重问题，应有一个负责的答复。次第三国际代表路易、中央党部代表陈其瑗、国民政府代表彭泽民、共产党代表蔡和森、总政治部代表郭沫若及湖北省党部代表等相继演说（词长明日再行发表），八时半始行散会云。

（汉口《民国日报》，1927年6月20日，
第一张新闻第二页）

桥口民众庆祝第四次全国劳动大会之热烈

桥口为武汉工人阶级的大本营，十九日上午，经全国总工会，驻桥口办事处，召集桥口各团体，尽量派代表到工人学校，开一扩大庆祝第四次全国劳动大会，到会者约千余人。开会时通过主席团，主席团推工友曾斯庭为总主席，主席致庆祝词后，由杜韫章同志报告中国劳工运动的过程，陈大俊同志报告今年第四次全国劳动大会的新意义，箫复初同志报告今年第四次全国劳动大会的环境和使命，词意均慷慨淋漓，而演讲时痛切激昂的状态，惹起群众掌声如雷，振动屋瓦，革命空气，满布全场，各工友等欢忭之状，楮墨难形，最后唱国际歌，呼口号散会。

（汉口《民国日报》，1927 年 6 月 20 日，
第二张新闻第四页）

店总代表大会

欢迎于右任总指挥
庆祝第四次劳动大会开幕

武汉店员总工会于十八日假宁波同乡会，开第六次代表大会，同时举行庆祝第四次全国劳动大会开幕，及欢迎于总指挥与出席全国劳动大会代表，计是日所到代表三百余人，来宾有于总指挥代表，及劳动大会代表。时至正午，即由总主席董锄平宣布开会意义，谓今天代表大会，有两个重要意义，第一是全国第四次劳动大会要在明天十九号开幕了，我们要知道这个劳动大会，与我们全国工人阶级是很有重大关系的，在这会的当中，是讨论对于我们有组织的工人，及在这个革命斗争紧张中之策略；第二是欢迎于右任总指挥，我们知道于同志他是革命很老的同志，平生为我们民众利益而奋斗，最近经过许多困难到西北去指导西北民众革命，及领导西北革命军，从此打倒奉系军阀，现已会师郑汴，直捣幽燕，在指顾间耳，此次于同志来汉，与中央接洽一是[①]，这是值得我们欢迎的，但是今日，于同志因出席其他重要会议，不能亲来致词，现请于指挥代表致词，其词云：今天本来于总指挥要来向诸革命店员工友讲几

① 原文如此。

句话的，但是于总指挥因参加其他重要的会议，是很抱歉的，特派兄弟前来领谢，并代表于同志向各位致革命的敬礼，中国的革命，是民族的革命，是要各阶级民众参加，如单独靠兵士及工农阶级，而商人阶级不参加，这是很大的缺点，现在是要被压迫的全民众起来去打倒帝国主义军阀，此次于总指挥来武汉考察武汉革命情形，以供西北之需要云。次劳动大会代表报告第四次全国劳动大会意义，及资产阶级叛变后，中国工人阶级革命情形、劳动大会后我们的责任。次店总改选代表大会筹备员报告，后补选（一）王玉堂（二）姚必显（三）许范群（四）徐八片出席第四次劳动代表大会，后唱歌呼口号散会。

（汉口《民国日报》，1927 年 6 月 20 日，
第三张新闻第五页）

铁总工会为第四次劳动大会告工友

工友们!

我们工人阶级最高之指导机关——中华全国总工会召集之全国第四次劳动大会现在已经正式在革命的根据地武汉开幕了，在这次大会中检阅我们过去的成绩，决定我们今后的方针，中国职工运动前途，定有长足的发展，这个意义多么重大，工作多么艰巨，是如何值得我们庆祝和拥护呵!

全国劳动大会开到现在已经四次了，在第一次与第二次之间是反军阀的二七运动，在第二次与第三次之间是反帝国主义的五卅运动，在第三次与第四次之间，是继续反帝国主义与参加北伐运动，如过去的省港大罢工、今年的上海大暴动已充分表示工人的力量，加倍促进中国革命势力的发展，可是另一面帝国主义者深惧其在华势力的衰危，大资产阶级深恐工人阶级之奋起，自己地位的不安，已□□脱离革命战线，大做其反革命工作，如蒋介石等之背叛国民党、屠杀共产党人工农领袖、解散工会农会，及帝国主义者的乘机进攻武汉，是其具体的表现!

工友们，我们现在到了与帝国主义新兴军阀大资产阶级土豪劣绅肉搏的时期，不是你死，便是我亡，我们在这“危机四伏”的环境当中，我们□一的责任，只有:(一)要与农民结成巩固的同盟拥护国民政府，一面要抵御帝国主义的进攻，打倒军阀，一面要推翻大资产阶级在东南的统治及其在民众中的影响；（二）要援助农民实行土地革命，打倒土豪劣绅，建立乡村的民主政权；（三）要求参加国有资产的管理，并要求没收帝国主义者在华一切产业，收为国有；（四）要求速即颁布劳动保护法、工厂法和国立的劳动保险、失业保险。

此外，我们为防御大资产阶级向我们进攻，我们一面要武装起来和到军队中去抵抗他们的“法西斯蒂”；一面又要揭破改良主义的阴谋，防止他们侵入我们的工会，我们为要得到国际同盟军有力的帮助，必须中国工会与世界职工运动发生更密切的关系，尤其要与太平洋各国职工运动亲密的团结，我们为弥补我们过去的缺点，要竭力打破行会的组织，统一集中工会的组织，整顿工会的系统，建立总团的工厂委员会，健全全国总工会及各产业总工会的组织，并注意手工业工会的发展与斗争。我们为保持中国的革命势力和世界的和平，应反对太平洋的第二次战争。

工友们！我们铁路总工会的组织，还在全国总工会以前，我们铁路工会的工作，在“二七”已见鲜红的曙光，我们铁路工作开中国职工运动的先河，中国职工运动史上第一页当有我们的记载，可是我们切不可以过□的光荣而自满，我们须踏着“二七”的血路，开着车头，载着全国工友向我们的敌人——帝国主义军阀大资产阶级的营垒冲去，这就是我们的责任，也就是我们在第四次全国劳动大会后的工作。我们在这大会中应高喊着：

（一）全国工人阶级联合起来！

（二）打倒帝国主义和军阀！

（三）反对背叛革命的大资产阶级！

（四）打倒勾结帝国主义背叛国民党的蒋介石！

（五）防御资产阶级欺骗工人的改良主义！

（六）要求参加国有生产的管理！

（七）要求八小时工作制！

（八）要求立即颁布劳动保护法、工厂法！

（九）集中工会的组织和力量！

（十）全国总工会万岁！

（十一）赤色职工国际万岁！

（十二）第四次全国劳动大会万岁！

（汉口《民国日报》，1927 年 6 月 20 日，
第三张新闻第五页）

庆祝第四次全国劳动大会

汉口特别市党部

亲爱的革命同胞们，“全国第四次劳动代表大会”开幕了！负着重大的使命与意义在革命的中心武汉开幕了！在革命的过程中，又辟开一个新的途径，使革命的进行更加迅速猛烈，这是值得我们注意、值得我们额手相庆的事呵！中国工人自五卅运动取得了革命的领导权，直到于今，革命的进行，如怒涛澎湃，汹涌前进，现在已至一个逼近成功的时期，同时亦是反革命派因革命的进展意图背城借一反攻革命最厉害的时期。在这个关键中，第四次劳动大会开幕了，在大会上确定工友争斗的方策，准备更大的力量，一举歼灭一切反革命派，完成国民革命的使命。现在二次北伐胜利了，出乎敌人的意料外胜利，革命的形势又进到较稳固的时期，同时东南各地白色恐怖亦一天厉害一天，我们的工友，我们革命的工友，在白色恐怖下牺牲的，何止千万，他们的血与前方将士所流的血，同在反动势力的营垒前流出，在革命观点上是有同样伟大意义的，在现在反革命派进攻革命如此紧迫时候，他们借口农工运动过火做反革命的举动，所以土豪劣绅也乘机起来做大规模的摧残农工，我们此刻要下一个决心，对这些反革命组织的蠢动，依然不妥协把他们打倒，现在国民革命的出路惟有打倒反革命的中心蒋介石及其代表的反革命派。

第四次劳动大会开幕了，前面的曙光已经不远，我们大家一致前进，末后高呼农工商学兵联合起来！拥护国民政府！第四次劳动代表大会成立万岁！国民革命成功万岁！世界革命成功万岁！

（汉口《民国日报》，1927年6月20日，第三张新闻第六页）

第四次劳动大会

茅　盾*

第四次全国劳动代表大会开幕了，在国民革命胜利声中，在蒋逆介石叛离后开幕了。此次大会的意义，已经苏兆征同志说得很明白：第一是要反对帝国主义武力干涉中国，第二是要反对蒋介石，第三是要拥护巩固国民政府，第四是要助农民打倒封建势力。第三国际代表路易指出国民革命之成功，须得小资产阶级之参加，故工人群众应该与小资产阶级，结成亲密的革命同盟。

我们相信第四次劳动大会一定能根据这些原则，决定很好的方法。领导全国工人，整齐步伐，为革命的利益而加紧奋斗，消灭白色恐怖，打倒蒋介石，打倒张作霖！

全国劳动大会的任务，固在决定今后的进行方策，然而检点过去的错误，力自纠正，尤是一件重要的任务。群众运动即使有了最好的方法，然而应付实际问题时发生幼稚的毛病，是难免的。发见一次的错误，多纠正一次，群众运动便进步一次。所以有错误不足悲，只要能认识这错误，能努力去改正。我们相信第四次劳动大会代表诸君一定能详细地纠举过去的错误，

* 本文发表时，署名：雁冰。

努力的来改正。

抑尤有进者，上海是全国产业工人最多的地方，上海工人本已在反革命的压迫下磨炼出坚强的组织和战斗力。不幸被蒋逆介石酷烈的屠杀，使上海工人的革命运动暂时入于潜伏时期。但在今第四次劳动大会开幕之时，上海来电则谓反蒋潮已在蒋逆的铁蹄下怒发而不可御，帝国主义者也承认蒋逆威力不复能制止此再起之怒潮。这是一个有价值的消息，证明革命势力是无论如何不能消灭的，压迫愈烈，屠杀愈酷，则反抗力愈强，民众势力再抬头的怒潮愈不可御。我们相信在此次劳动大会开幕之后，上海代表接受了新方略回去奋斗的时候，便是蒋逆末日之既临！我们谨以二十万分的诚意，敬祝第四次大会负荷起新使命，拥护国民政府，与工商业者结成亲密的联盟，打倒蒋介石，打倒张作霖！

（汉口《民国日报》，1927 年 6 月 21 日，
第一张新闻第二页）

第四次全国劳动大会之第二日（节录）

李立三作政治报告
开幕时演说及通电

第四次全国劳动大会于前日开幕，详情业志前报，兹将第二日上午情形，略记于后。

昨日为大会之第二日，出席代表三百五十六人，请假者五人，主席团推举苏兆征为主席，请李立三同志作政治报告，李立三报告约分三点。

（甲）继续五卅运动的北伐：（一）省港罢工与北伐，（二）各地工人在北伐中工作的表现，（三）上海工人的三次暴动，（四）北伐中工会的发展，（五）北方工会的工作，（六）全国总工会扩大会议决的行动，□□。

（乙）大资产阶级的叛变：（一）大资产阶级在北伐中的企图与背叛的原因，（二）破坏革命的手段，（三）法西斯蒂，（四）改良主义，（五）现在的情形：（子）参加政治的实现，（丑）工友参加国有产业管理的实现，（寅）农民运动的发展，封建政权的崩溃与土地问题，（卯）二次北伐，（辰）大资产阶级叛变后的策略，（巳）过火问题，（午）湖南的事变，（未）赣湘停止工农运动事件，（申）肃清反革命派与讨伐蒋介石。

（丙）国民革命的趋势：（一）巩固工农小资产阶级的革命

的同盟，（二）扫除大资产阶级在革命中的影响，（三）工人参加政权的责任，（四）土地问题的解决，保障工人阶级的利益，（五）建立非资本主义的经济。

李立三报告完毕，旋讨论各项问题，七时散会，兹将开幕时演讲及通电录后。

主席苏兆征致开会词

略谓各位同志，反动派向我们进攻很厉害的时候，我们却在此开会，这是何等欣喜的一件事。中国工人几次罢工，予帝国主义以极大的打击，尤其是英国。中国革命势力一天一天发展，由珠江达到长江以至于黄河流域，这是我们几次罢工结果，今天又是广东省港罢工的第二周年纪念，所以更有重大的意义。自蒋介石反总理三大政策后，中国的革命走到一个新的阶段，他们是代表资产阶级，破坏我们的革命。各位同志工友，我们还要知道帝国主义也同时在用武力干涉我们，破坏我们的革命。我们要保障我们的革命，使他源着省港罢工的胜利，源着由珠江发展到黄河的胜利，一直到成功，我们第一便要反对帝国主义武力干涉中国，第二要反对蒋介石屠杀民众，第三要与国民政府同生死，第四要帮助农民打倒封建势力等语云云。

第三国际代表路易致词

诸位同志，兄弟代表第三国际参加此次大会，觉得非常荣幸。此次大会，不但与中国无产阶级有关系，同时与世界无产阶级有大关系。中华全国总工会以前能领导中国工人革命，此次大会以后，更应该要领导中国工人向左边路上走。中国工人运动的发展太快，以致一班反动派向工人进攻也更加厉害了。这时我们应如何注意呵。在大资产阶级如蒋介石联合了反动军阀残杀革命民众的时候，我们更应努力。当革命军未到上海，上海的工友欢迎革命，谁料假称的革命军到了上海，居然又把欢迎他们的工友屠杀起来了。还有一件事，小资产阶级是可以革命的，可以反革命的，资产阶级总想用种种手段牢笼小资产阶级，确实这是我们革命同志不可忽略的，我们应该想方法要他革命，使我们革命的战线，又增加一部分力量。我们还要知道，除了这些大资产阶级以外，还有一部分小军阀也向我们进攻，他们也屠杀我们工友，解散我们工会，可是我们并不要害怕，我们应该组织起来，同他们抵抗。如果我们不铲除他们，我们便永远又不能存在了，中国革命，便不会成功了。这一次代表大会，不但要领导中国无产阶级去奋斗，而且要领导全世界无产阶级去奋斗。中华全国总工会万岁。

中央党部代表陈其瑗训词

你们不要以为中国国民党会反对三大政策，会反对民众利益，会走到资本主义的路上去呵，我们的党，是永远会为被压迫民众谋解放的，无产阶级，是民众的大多数，我们既然谋大多数民众利益，自然无产阶级包括在内了，有人说中国现在革命势力分裂了，其实这句话很错误，我以为这完全是革命势力与反革命势力的分裂，我们的党，□□□不会□□□□□□□的路上去，而且会切实为无产阶级谋利益，而且会领导无产阶级去打倒资产阶级，及一切封建势力，最后胜利，终归我们劳工，劳工是我们的主力军，要努力去打倒背叛革命的大资产阶级的代表蒋介石。中华全国总工会万岁。

国民政府代表彭泽民训词

蒋介石做帝国主义的新工具，屠杀革命民众，我们以后要努力奋斗打倒蒋介石云云。

中国共产党代表蔡和森致词

中国工人自“二七”以来，工人革命的伟大力量，已完全表现出来了。现在反动派如蒋介石、杨森、夏斗寅、许克祥，都摆在我们眼前，他们无时不向我们进攻。今天到会的，在广东、湖南、湖北、江西、江苏等处代表，都没有不是被迫来的，由此可知反动派的凶狠。同志们，我们都说要打倒反动派，现在我们第四次代表大会开幕了，我们应该在这大会中，整理我们的队伍，作打倒他们的准备。此外，还有一点，我们天天喊打倒蒋介石，其实我们要打倒他们资产阶级赖以生存的经济基础，我们要建设一个新的民主制的国家云云。

中国共产主义青年团代表徐玮演说

兄弟谨代表中国共产主义青年团中央执行委员，向大会致敬礼。现在我们工农同志，在反革命势力下死的不少了，大资产阶级的背叛革命，并不能影响我们的革命，并不能拆散我们工农和小资产阶级的革命的联合战线。现在我们工友应该帮助农友，实行土地革命。现在第四次大会开幕，我希望大会能够真正代表青年工人利益，向青年工人解决一切困苦问题云云。

总政治部代表郭沫若演说

略谓十数日前太平洋大会，今日第四次全国劳动大会又开会了。这两个会议，开革命史上无上的光荣。此次北伐，固然是武装同志的胜利，实际上也是工友们的胜利。武装同志劳苦功高，工友也可说是劳苦功高。汉阳兵工厂中的工友，一日一夜，造十八万子弹，运往前方应用，这是何等的功劳呵，所以此次北伐胜利，也可以说是全中国工人的胜利□语云云。

（汉口《民国日报》，1927 年 6 月 21 日，
第一张新闻第二页）

各团体庆祝第四次劳动大会

武汉纺织总工会

第四次全国劳动大会在革命的新根据地武汉开幕了，第四次全国劳动大会在北伐胜利当中开幕了，全国的劳动代表，全国的革命领袖，济济一堂，充满着革命的空气，来考察我们过去的成绩，检阅本身的力量，规定我们以后的斗争策略，巩固革命的基础，扩张革命的势力，去打倒帝国主义和军阀及一切反革命派，完成世界革命一部份的中国国民革命，这是多么样值得我们欢声鼓舞来庆祝呵！

但是我们要知道，在过去的第一、二、三次全国劳动大会，都是在广州开会，当那时候的革命势力可说偏于一隅，而今年能在全国革命中心地点开会，这都是工农群众与北伐军合作的结果，同时又可以证明工农领导革命长大和发展得多了，然我们稍为回顾，一、二、三次的全国劳动大会都是在广州开会的，现在的广州已完全为反革命所盘据，在一、二、三次大会当中所谓革命领袖蒋介石，而今已反叛革命！革命势力到进一步，而反革命势力同时增加，假使全国劳动者不巩固团结起来，积极参加国民革命，恐怕我们革命的民众们要永远处于军阀铁蹄之下和反革命白色恐怖之中，尤其是在北伐张作霖，东征蒋介石，西讨杨森于张等军事时期当中，假使国民也不切实拥护本党的三大政策，又不迅速出师削平一切反革命派，那末国民政府不啻接受反革命的威吓，使国民革命不能早日成功，全国的工农阶级重陷于白色恐怖之下政府，纵容了在肘腋之下反抗国民党，反抗国民政府，反抗唐总指挥，屠杀工农的湖南反革命，那东征西讨北伐许多将士的流血牺牲都失掉了意义。

因此我们在这次大会当中，应该很坚决地要求国民政府迅速出师削平湖南叛逆强大和巩固工农的武装，镇压一切反革命以防止同样的反动事实发生，同时对于工农运动更积极发展，方是国民政府稳固的基础，工农群众武装起来，国民革命定可迅速成功，引导中国革命与世界革命联合起来，打倒国际资本主义和铲除土豪劣绅和一切反革命派，旧封建势力及宗法思想，实行解决土地问题，这才归革命唯一的出路和方法。

全国的工友们，一切革命的民众们！起来罢，起来罢，在第四次全国劳动大会指导之下，完成我们自己的使命，去完成世界革命一部份的中国国民革命工作，拥护革命的国民政府，坚决地与一切反革命决一死战！

（汉口《民国日报》，1927年6月21日，
第二张新闻第五页）

第四方面军总指挥部特别党部

全国革命的民众们：工农是受压迫最厉害的广大群众，是革命势力的基础，自从“二七”、“五卅”、“省港长期罢工”、“上海政治大罢工”、“东征和北伐时农民参战”等无数次事实的证明，工农群众已做了革命潮流中的主力军，使我们知道如果

离开了工农群众，违反了工农利益，就根本谈不到革命。

自从蒋介石代表大资产阶级背叛革命以后，革命遂形成了一种新局面，工农群众因为大资产阶级的离开革命战线，遂更加重了领导革命的责任，在这个新时期中，第四次全国劳动代表大会，适在革命新根据地武汉开幕，来定工人阶级在新环境中的新使命，我们革命民众们对于大会的欢欣和期望，实在是二十万分的热烈诚挚啊！

中国革命，因为客观环境的决定，工商业者和农工群众，都无疑义的在革命战线以内，但自大资产阶级背叛革命以后，工商业者遂游移两者之间；我们为坚强革命战斗力，适应客观环境的要求，对于中央巩固农工和工商业者，联合战线的策略及训令，实在有坚决拥护的必要！

革命叛徒蒋介石□□□辈，正在一方面代表大资产阶级屠杀革命的工农，一方面利用御用的工贼，假做些黄色运动，欲以和缓工人阶级革命情绪，这实在是我们革命工友严重的敌。我们要铲除大资产阶级御用工贼，打倒摧残革命工友的蒋介石！

“武力与民众结合”、“工人武装起来到军队中去”，这种口号久已高唱入云了。工友要想做更有力的政治争斗，保障已得胜利，杜绝反革命派反攻，只有实行武装起来与反革命派作殊死战。所以“工人武装起来”这是目前急待解决的紧急问题。

中国工人，自从加入了赤色职工国际，就已经踏上世界革命的战线，最近在赤色职工国际指导底下召集了太平洋劳动会议，又肩上了消灭太平洋风云，阻止世界第二次大战的重责，如何实在肩起这种责任，这又是中国工人目前急待努力的重要工作。

这次大会集合全国各地极有经验的工人领袖于一堂，我们相信在这次大会中，一定能够制定很好的新的策略，以适应新的环境，完成工人阶级在这个新时期中的新使命，最后我们高呼第四次全国劳动代表大会万岁，以表示我们对于大会的热忱和期望。

湖北省党部

自蒋介石代表封建资产阶级及买办资产阶级之旧的阶级组合而背叛了国民革命以后，一方面促进了农工与工商业者新的联合战线，一方面则造成中国革命运动之非资本主义的用途，这确二次北伐的外洛克复声中，尤显明的□定了这个革命的新形势。

第四次全国劳动大会，在革命根据地的革命新形势之下涌现出来，所以它的本身包含着特殊的严重意义：

（一）应新环境的需要，而决定工人阶级今后斗争的方略——巩固工农兵与工商业者之联合战线。

（二）应革命劳力的发展，扩大工人阶级的组织，集中工人阶级的力量，统一工人阶级的行动。

（三）检阅中国整个劳动阶级的本身，对过去的工作加以考察和纠正。

（四）继续太平洋劳动会议之精神而开会。在实际上，接受国际劳动运动之经验与教训，以促进中国劳动运动在革命的观点上国际化，且反对二次世界大战。

（五）实际帮助国民政府二次北伐和巩固北伐后防——尤其

是巩固武汉。因之，本部谨祝大会开幕并希望大会完成它所负的伟大使命！更高呼：（甲）巩固工农兵与工商业者之联合战线。（乙）发展中国劳动运动。（丙）中国劳动运动革命化国际化。（丁）反对二次世界大战。（戊）拥护国民政府。（己）帮助二次北伐。（庚）完成中国统一。（辛）国民革命成功万岁。（壬）世界革命成功万岁。（癸）第四次全国劳动大会万岁。

（汉口《民国日报》，1927年6月21日，
第二张新闻第六页）

第四次全国劳动大会

决自十九日起至三十日止——在汉口举行

东方社汉口十九日电。第四次全国劳动大会，决自十九日起至三十日止，在当地世界剧场开会。中南各地工会代表□者称当在二千名以上。（福建、云南除外）已到之代表□□二十□名、皖八名、粤二十名、浙十三名、鄂二十名、津四名。十八日由苏兆征司令之下，开准备会，讨论议事日程、会议事项、进行方法等。预定十九日开会，自二十日起午前午后各开会一次，议案内容如下。

（一）巩固各地工会之联络，使工会之组织，巩固而有力。

（二）保护产业。

（三）保护手工业者。

（四）救济失业者。

（五）巩固农民团结之。

（六）打倒反革命的法□士主义。

（七）充实农工阶级之教育。

又李立三在准备会演说云。此次之会议，与前三次之意义不同。此次意义，极为重大。分言之，即：

（一）中国之劳动运动。今已到一新时期。吾人不可不巩固农工阶级之组织□以达□劳农革命之目的。

（二）期望小资本阶级与劳农阶级巩固团体，协力联合，实行革命。

（三）使政府担任救济被压迫之农工阶级确立依劳动组织之农工政策。

（四）农工阶级联合打倒封建制度□物之一切革命障碍物。

（《世界日报》，1927 年 6 月 22 日，第 2 版）

粤港罢工二周年告民众

第四次劳动大会

各界同胞们：

粤港罢工，大家都知道不是为着经济斗争，是为了反抗帝国主义在上海“五卅”的屠杀、完全为争民族自由与国家独立的反帝国主义运动，所以我们对粤港二周年罢工的纪念日，委实发生无限的感想。

但是罢工之初，陈炯明扰乱东江，邓本殷割据南路，并且还有那些假革命和反革命份子混杂于内部，所以广东仍然是在受外患四分五裂的形势之下，可是罢工不及数月，因有十余万革命罢工工友，在此助威镇压和实际援助，形势为之大变，内部将反革命和假革命肃清，收复东江南路，使历年糜烂不堪的广东，由此而归于统一，于是乎确定了革命的根据地，巩固了革命的基础，及至一九二六年五月，要求国民政府实行出师北伐，及帮助北伐运输拥护北伐后方，所以这回北伐胜利如是之迅速，未始不是罢工工友奋斗之结晶呵！

现在国民革命势力的发展，已占有中国版图的强半了，这都是为了粤港罢工影响的推动，因此工人阶级参加国民革命取得领导的地位，超过了资产阶级革命的需要，所以资产阶级，便会在这方兴未艾的革命进程中，背叛了国民革命，与帝国主义者妥协，蒋介石、□□□等，是要代表资产阶级，掉转头来，便屠杀工农，解散工会、农会，以为帝国主义者贡献，因此在最近以来，上海、广东、江西、湖南、天津、四川等处的革命份子和工农领袖，被他屠杀已不可胜数，可见我们为了求解除痛苦，而参加国民革命，决不会因资产阶级之背叛残杀，而停止了我们的责任，只有分析国民革命的使命，惟以无产阶级和农民及一般中小商人，才能负起。

我们在这粤港罢工二周年之纪念当中，联想到直接与英帝国主义者奋斗，牺牲的罢工工友，现在已陷于白色恐怖之下，并且受帝国主义的走狗和资产阶级的□□□□□枪杀，也不知几许，所以在这纪念的当中，特地简略的报告出来，希望各界革命同胞们继续粤港罢工的精神，反帝运动到底，为死难同志复仇，以消灭世界一切帝国主义者及其工具，以实现民主政治，而达到社会的革命啊！我们口号是反对帝国主义到底！继续粤港的精神奋斗！打倒一切帝国主义和军阀，反对背叛国民革命的大资产阶级！工人阶级武装起来！打倒屠杀工农的蒋介石、□□□、许克祥！国民革命成功万岁！世界革命成功万岁！

（汉口《民国日报》，1927年6月22日，第三张新闻第五页）

第四次全国劳动大会之第五日

刘少奇作会务报告
报告后决议案五项

昨日为第四次劳动大会之第五日，上午因武汉人民举行六一一、六二三北伐阵亡烈士及各地死难同胞追悼大会，全体代表参加大会，停会半日。下午三时起，改在总理纪念堂继续开会，出席代表三百八十一人，请假三人，旁听二百五十六人，值日主席为李立三、谢硕、杨桂林、马超凡、郑覆他，记录杨锡类、史才。

首由主席报告，谓今天议事日程为刘少奇同志会务报告，刘少奇同志出席报告，报告全文，俟整理后发表，兹将报告大纲分录于后：（一）一年来全国总工会之概况；（二）执行委员会及常务委员会概况；（三）各地办事处工作概况；（四）北伐中工人之□□工作；（五）省港罢工之影响及其结束；（六）工人参加各级国民政府；（七）太平洋劳动大会之内容，及其与中国工人运动之关系；（八）全国总工会宣传教育工作概况；（九）全国总工会组织工人概况；（十）全国总工会秘书处工作概况；（十一）国际工作；（十二）结论。

报告毕，最后又谓全国总工会执行委员何耀全、李森（即李启汉）、刘尔崧、戴卓民、邓少山（即邓培）均被反动派李济琛所杀戮，我们未死诸同志，应踏着死者的血迹，为死者复仇云云，后主席团李立三临时动议，谓各位代表全场起立，静默三分钟，为死者哀悼，一时全场沉寂。

次由主席谢硕报告，请各代表出席发表对于刘少奇同志会务报告意见，计出席者有寿昌、黄五一二人，讨论后，由主席团邓中夏作会务报告决议案，当场一致通过，最末唱国民革命歌国际歌散会，兹将会务报告议决案全文录后：

（一）中华全国总工会第二届执行委员会，在过去一年中，对于全国工人阶级政治的经济的斗争，有适当之指导，如引导工人参加北伐斗争，反对藉口北伐牺牲工农自由斗争，省港罢工停止武装封锁，上海三次暴动，指示各地不断的做改良生活运动，以及全国一致罢工一小时作反帝国主义武力干涉中国之表示等，大会认第二届执行委员会，确能认清革命的环境与时机，完全站在工人阶级利益上领导工人阶级上前奋斗，一切政策，都是对的，大会非常满意；

（二）全总在广东时，曾发展广东各县及南洋各埠之工会组织，北伐后，又加紧发展湖南、湖北、上海、河南之工会组织，及迁鄂后，又陆续发展江西、安徽各地之工会组织，组织的工人之增加，有惊人的进步，第三次劳动大会人数一百二十万，现在已增加到二百九十万，大会非常满意的；

（三）第二届执行委员会常务委员，往往因客观需要分散各地，以致会中技术工作，不能完备，大会责成下届执行委员会，纠正此项缺点，必须集中得力人员住会办事，对各地应有经常之指导，中华全国总工会成为健全机关，尽他伟大的指导责任；

（四）各地方工会各产业工会，对于中华全国总工会，绝对表示拥护与信任，全国工人阶级，誓立在中华全国总工会旗帜之下，谋得阶级的完全解放，法西斯蒂与改良派之上海工会组织统一委员及广东总工会有另组全国总工会逆谋，大会责成各地一致反对云；

（五）第二届执行委员李森、何耀金、邓培、刘尔崧、戴卓民诸同志，被反革命所杀，大会誓愿为诸烈士复仇继续其精神奋斗。

（汉口《民国日报》，1927 年 6 月 24 日，
第一张新闻第一页）

第四次全国劳动大会之第七日

上午下午共五项报告

日昨为全国第四次劳动大会第七日，上午十时在血花世界大舞台开会。出席人数三百九十六人，请假人数十四人，缺席人数八人，旁听人数七十二人，值日主席为罗珠、向忠发、刘友松、于圣定、王麟郇。记录为葛克信、孟凯、杨锡类、刘钰。主席向忠发报告。

略谓今天议事日程为上海代表报告，兹将各代表报告□□录后：上海代表□章报告：（一）五卅运动以前之上海工人运动；（二）“五卅”惨案之前后经济；（三）“五卅”以后之上海工人运动之发展；（四）□□北伐军之三次武装大暴动；（五）市民政府之成立；（六）蒋介石之解除工人纠察队的武装；（七）工人组织之内容；（八）工人生活状况；（九）结论。

次上海代表□大道继续□□：（一）□永建间接屠杀上海工人情形；（二）蒋介石屠杀上海工人情形；（三）蒋介石之摧残上海市政府；（四）上海□工□□□以后之情形；（五）经济斗争情形；（六）上海的工人纠察队；（七）蒋介石□□上海工人纠察队情形；（八）汪寿华同志死□情形（□代表报告至此，由主席团临时动议，静默三分钟，以志哀悼，一时全场沉寂，最后高呼打倒蒋介石，为汪寿华同志复仇等口号）；（九）白色恐怖下上海工人之奋斗情形；（十）上海工人之工作；（十一）国民政府讨蒋与上海工人第四次暴动之准备；（十二）工会统一委员会之内容；（十三）上海工人在白色恐怖之下举行“五一”、“五四”、“五九”、“五卅”各纪念大会情形；（十四）上海工人领袖死□情形；（十五）结论。

报告毕，由马同志领导全场高呼打倒蒋介石等口号，革命空气，异常紧张，最后湖北代表团提议向中央请愿，替上海死□工人复仇（通过），请求主席团请共产党负责人来大会讲话（通过），次上海代表团提议请继续我们上海死□烈士精神，回到本地，去准备第四次□□的后援（通过），再次浙闽代表□□的东南各□代表赶快回东南去，打倒蒋介石为死者复仇（通过），最末□北代表团□□代表团□□今天□□上海代表团报告之后，大会代表应□□□□□的□下列的口号：全场一致高呼：（一）全国工人武装起来；（二）继续上海工人奋斗精神奋斗；（三）打倒蒋介石；（四）打倒残杀工农群众的蒋介石；（五）打倒残杀工农领袖的蒋介石；（六）打倒帝国主义的走狗蒋介石；（七）打倒帝国主义的新工具蒋介石；（八）打倒代表封建势力摧残革命的蒋介石；（九）踏着先烈的血路前进；（十）替死难烈士复仇；（十一）死难烈士精神不死；（十二）无产阶级解放万岁；遂宣告散会。

下午三时，继续开会，出席四百一十二人，请假二人，缺席二人，旁听五十四人，值日主席苏兆征、宁迪卿、陈剑夫、钟善甫、范增荣。记录葛克信、杨锡类、孟凯，主席范增荣宣告开会。

次介绍铁总代表曹振华报告工贼周天元之罪状，并请大会讨论对付办法，曹振华起立报告；总括周天元之罪状约分数点：（一）施残杀革命领袖手段；（二）□□军车；（三）挑拨兵工感情；（四）克扣工资，肥私营利。曹代表报告毕，全场愤慨，一致决议交军事委员会处以死刑。

次由主席介绍苏兆征同志作海员工会报告，大要如下：（一）过去奋斗之略历；（二）海员生活状况；（三）海员组织状况、发展情形及现实之顿挫；（四）海员与国际的联合；（五）一年来海员斗争情形，可分五项：（甲）领导省港罢工以至改变政策，（乙）反对招商局傅筱庵，（丙）参加上海三次大暴动及反蒋，（丁）到香港恢复工会及各种运动，（戊）经济斗争；（六）海员在革命中之责任；（七）批评。

再次由主席介绍罗珠同志作香港工会报告，大要如下：（一）香港政治经济情况；（二）工人生活状况；（三）工人运动之发展；（四）五卅运动与香港工人；（五）省港罢工；（六）工人组织及发展；（七）女工运动；（八）童工运动；（九）新军阀压迫下之工人运动；（十）工人生活状况；（十一）工会及工人之统计；（十二）工人之训练；（十三）结论。报告完毕，即由主席宣布散会，时已六时半。

（汉口《民国日报》，1927年6月26日，
第一张新闻第二页）

中央农民部、全国农协会欢宴全国劳动代表

陈克文致欢迎词 革命成功要靠工农团结力量
邓中夏答词 此次劳动大会要点在打倒帝国主义及白色恐怖
实现总理对农民政策

中央农民部与全国农民协会，昨晚七时假座普海春，欢宴第四次全国劳动代表，及广东农军。并柬请俄国、爪哇、韩国代表，及武汉各界代表作陪，到四百余人。入座后，即由刘德荣宣布开会，继领导全体向国旗、党旗及总理遗像行三鞠躬礼，由陈克文起立致欢迎词。略谓今天兄弟代表中央农民部向全国劳动代表及广东农□说几句话：中国革命胜利，不是某英□战胜的，而是我工农血肉换得的，中国工农的血肉，向来流在一块，以后还要为打倒帝国主义打倒军阀而流在一块，帝国主义军阀与我们的利益是冲突的，现在革命已到严重局面，反革命派蒋介石□使其走狗趁火打劫，□处骚动，残杀我工农同胞不□其□，我们现要打倒一切反革命派，才能得到真正利益。革命成功，还要□我工农团结力量。次由全国农协代表任旭致词，大意工农革命是为本身利益的，是要造成非资本主义的，次由劳动代表邓中夏致答词。今天兄弟代表第四次劳动代表大会答谢中央农民部及全国农协，中国工农在中国革命过去历史上是联合为革命而奋斗的，所以得现在胜利，可是□此□革命

势力愈发展，□反革命势力愈猖獗，这次本□会议□之要点：一、反对帝国主义武力干涉中国；二、打消全国白色恐怖；三、依照总理农工政策实行耕者有农田。次中央劳工部长苏兆征及各来宾演说。当各代表演说至沉痛处，掌声雷动，并高呼“打倒帝国主义”、“打倒蒋介石”等口号。至九时散会。

（汉口《民国日报》，1927年6月28日，第二张新闻第三页）

第四次全国劳动大会之第十日

昨日举行闭幕式

昨日为大会第十日，上午九时，在血花世界开十六次会议，出席代表四百十六人[①]，请假者七人，缺席者五人，来宾四十余人，值日主席为苏兆征、宁迪卿、陈剑夫、钟苗夫、范增荣，记录孟凯、史才。首由主席宣告开会后，即由上海代表郑覆他报告反法西斯蒂，大意是：（一）法西斯蒂是资本阶级用以欺骗工人的工具，（二）反对法西斯蒂的工会，（三）蒋介石利用法西斯蒂手段，我们要打倒蒋介石，（四）我们要跑到法西斯蒂的组织里面去，极力斗争，使他们团体内部起分化。全体通过。

次主席邓中夏报告上海、湖北、湖南、广东、香港、北方、江西、东三省、铁路、海员、电报、南京、邮政各工会决议案，各代表先后发言，讨论甚多，后经整理，全体通过。

再次主席李立三将前次政治报告及各国联工运动与中国工人运动统一决议案，政治委员会转来八十个决议案，除八十个决议案中之二十个及五十六、五十七个，又浙江代表团提案第一个不能通过外，余均通过。最后又通过选举法，主席遂宣布闭会，时已下午一时许。

① 原文如此。

下午三时第十七次大会，出席代表四百零一人，请假者十二人，缺席者六人，来宾六十四人，主席团值日李立三、谢硕、马超凡、杨桂林、郑覆他，记录孟凯、史才。主席李立三宣布开会后，即宣布童女工问题议决案：（一）在中国工人中童女工占大多数，所以要特别注意；（二）童女工的生活困苦情形；（三）工作时期之规定及年龄之限制；（四）改良卫生；（五）待遇应与成年工人一样；（六）工资应与成年工人一样；（七）应设立艺徒学校；（八）不能虐待；（九）女工产前产后的待遇；（十）应规定经常休息时间；（十一）应为童女工设立俱乐部；（十二）童女工应与成年工人一样的享受言论出版集会之自由；（十三）要解除童女工之本身种种痛苦，交大会付表决，全体通过。

次由邓中夏提出修改全国总工会章程（通过），次由李立三宣布中国第四次全国劳动大会闭幕宣言（通过），次由主席邓中夏宣读中国共产党中央执行委员会致大会书，宣读完后，全场呼声雷动，次由苏联职工总工会送赠大会满地红的胜利旗，上书“全世界无产阶级联合起来”，同时并由苏联代表致词，略谓我代表苏联一千五百万有组织工人，敬赠这旗于中国第四次劳动大会，我们送这旗子，表示我们大家始终联合在一起，来打倒全世界的帝国主义，解放中国被压迫的工人，同时使中国工人每天看到这旗，便可以奋起向帝国主义进攻。我们得到这旗子是不容易的，是经过许多牺牲奋斗才得来的，所以希望中国工人也于不久的将来能与我们一样地得到胜利，得到自由，将中国的政权得到中国无产阶级的手里，而且我们这旗是红的，这红便是流了几千百万的无产阶级的血所染成的，所以希望中国工人不可将这旗抛弃，同时希望中国工人自己也有一天有这样的红旗，致词完后，又由苏联代表领导高呼充满革命性的口号，继由苏兆征同志致答词，略谓我们十二万分的诚意来接受这旗，这旗是满地红的，便是表征他们胜利，可是回头来看中国，大半是白色的恐怖所布满，我们应该努力来打倒这白色恐怖，在不久之后，也要这样的红旗。后爪哇代表亚刀门赠旗，旗美丽无比，上书“劳工神圣”，并致词。赤色职工国际赠以如苏联职工总会样的旗，并致词。均由苏兆征同志作答，答词长不及录，全场充满兴奋激昂的革命空气，为继来所未有。最后李立三同志报告各代表之履历，遂开始选举，继举行闭幕式散会。

（汉口《民国日报》，1927年6月29日，
第一张新闻第二页）

昨日之兵工联欢游艺大会

第四次全国劳动大会发起
昨在中央人民俱乐部举行
武装同志俱有诚恳之演说

第四次全国劳动代表大会，联络兵工感情及答谢此次北伐武装同志为党国奋斗精神，特在中央人民俱乐部大舞台举行兵工联欢游艺大会。到各师团营连武装同志代表及中央党部各界来宾共二千余人。

开会程序：（一）奏乐；（二）推定主席团；（三）敬礼；（四）恭诵遗嘱；（五）唱歌；（六）主席报告开会意义；（七）劳动大会代表致词；（八）中央委员训词；（九）军事长官谢词及武装同志演讲；（十）来宾演讲；（十一）劳动大会代表答词；（十二）奏乐；（十三）唱歌；（十四）呼口号；（十五）游艺；（十六）散会。

首由大会推举中央党部彭泽民、韩麟符，八军李军长代表，劳动大会李立三、罗珠，省□协代表蔡以忱等七人为主席团，彭泽民总主席，报告开会意义，次劳动大会代表李立三致欢迎词，次韩麟符致词，次李军长代表及第二集团军临时代表又十五军士兵及某军从征受伤同志一人先后演说，次蔡以忱演说，次李立三答词，次唱国民革命致力国际歌，高呼口号，最后游艺散会。

全场情况，极为热烈，诚能充分表现兵工联合精神，各项演说词甚长，兹不及录，俟明日再行发表。

（汉口《民国日报》，1927 年 6 月 29 日，
第一张新闻第三页）

第四次全国劳动大会昨日续会一日

宣布选举结果
补行闭幕典礼

第四次全国劳动大会，昨日继续开会一日，上午十时，仍在中央人民俱乐部举行，出席代表四百人，请假者三人，值日主席团邓中夏、周维新、钟苗夫、王荷波、王根英，记录孟凯、史才、杨锡类。主席邓中夏报告，略谓今天所以继续开会，因为结束昨日未能结束的二件事：第一件，即宣布选举结果；第二件，行闭幕典礼。选举结果，正式委员三十五人：李立三、邓中夏、林育南、刘少奇、项英、苏兆征、向忠发、王荷波、罗珠、许白昊、马超凡、陈寿昌、董锄平、郭亮、韩蔚文、李泊之、郑覆他、袁达时、杨培生、钟苗夫、王耀郁、董平、杨元杞、张佐臣、鲍武、胡锡泰、王荃、朱英如、朱宝庭、刘文松、宁迪卿、陈权、袁容、李铭、黄钊。候补执行委员二十人：陈为人、梁茂康、范增荣、彭江、王成伟、刘幼坤、杨桂林、舒传贤、郭华俊、张斌、刘义、吴汝敏、夏佐乾、杨名魂、李悼珍、刘亚雄、张昆弟、孙良惠、姚达夫。①

次由主席团临时动议，本定于今日（六月二十九）下午

① 原载漏列候补执行委员一名。

一时，全体代表向国民政府请愿，但因全体出席不便，所以主席团临时动议，由各代表团推举代表一人前往，推举结果：（一）铁路代表王荷波。（二）海员代表朱宝庭。（三）上海代表陈公庆。（四）湖南代表涂正楚。（五）四川代表回西平。（六）北方代表王耀郁。（七）邮电代表陈寿昌。（八）安徽代表舒传贤。（九）江西代表刘正武。（十）粤港代表罗珠。（十一）浙闽代表刘幼坤。（十二）湖北代表黄五。

旋邓中夏动议全体代表和各执行委员互行一鞠躬礼，王荷波代表新执行委员向大会致词，邓中夏复向大会介绍新执行委员，再次举行闭典礼，其□□□□：（一）唱国民革命歌及国际歌。（二）向党国旗及世界革命领袖行礼。（三）李立三代表主席团致闭会词，略谓：（甲）此次大会在严重时局之下，能完成我们的工作，我们终不曾预料；（乙）大会的胜利，一方面固是赖革命的进展，另一方面是由反革命的进攻促成的；（丙）得到伟大的民众力量，拥护的一定胜利，反之一定失败；（丁）我们要在反革命包围的武汉杀开一条血路；（戊）闭会后，各代表回省应尽力宣传，使大会的策略、大会的主张，得到实现；（己）要能负担这使命，便只有大家不断地向前努力奋斗。（四）新执行委员罗珠致词：略谓我们第四次大会闭会后，应如何努力去奋斗，现在看起来，反革命的势力，好像很大，其实是不足怕，因为从前在广东的刘杨，反动势力，不过三天，便完全消灭了，此后只要我们更能深入民众，得到整个的民众势力，那末最后的胜利，终属我们的，我们此后唯一的使命，是继续死难诸烈士的精神去奋斗。（五）大会推举杨俊致词，略谓现在反动派已联合战线向我们革命的势力下严重的进攻了，我们唯一的生路，只有赶紧的巩固自己革命的战线，这种责任，便要我们第四次各位出席代表完全担负起来。（六）全体唱国民革命歌及国际歌，次呼口号如下：继续死难烈士的精神奋斗，回各地奋斗去，回各地杀敌去，打倒白色恐怖，肃清一切反革命派，打倒蒋介石，打倒背叛革命的大资产阶级，打倒一切帝国主义，第四次劳动大会成功万岁，中华全国总工会万岁，最末拍照散会。

（汉口《民国日报》，1927 年 6 月 30 日，
第一张新闻第二页）

以往五次全国劳动大会概述（节录）

《东北日报》资料室

第四次全国劳动大会，是于一九二七年四月间国民党政府对于上海总工会之苦迭打以后，由中华全国总工会发表召集第四次全国劳动大会告工友书及宣言。这次大会原定于“五一”节在汉口举行，但因太平洋劳动会议适于是日在汉口开会，便改于“五卅”举行，后因筹备事繁，交通梗阻，一直到六月十九日才正式在汉口开幕，于六月二十八日闭幕。到会代表由三百五十六人至四百二十人（每日出席代表数目不一），代表二百九十万会员。

此次大会讨论事项主要是：一、援助农民打倒土豪劣绅等封建制，并建立乡村民主政权；二、指导全国民众与小资产阶级成立农工革命同盟，以对抗反革命势力及白色恐怖；三、按太平洋劳动会议之决议，确立全国无产阶级之联合，俾反抗帝国主义者之结合，并防止破坏苏维埃制之阴谋；四、反对大资产阶级之阴谋；五、促进小商人及小资产阶级的自觉；六、要求编订劳动保护法、工场法，及国立劳工保险制，参加国有产业之管理，并没收帝国主义在华所有之大产业；七、确定并划一总工会之组织系统；八、教育宣传方法及工人武装方法。

经过报告讨论后，大会通过的议决案主要是：一、会务报告议决案；二、关于工会组织问题之议决案；三、关于童工女工之议决案；四、关于失业问题之议决案。

会务报告议决案共五项，其中指出："全总在广东时，曾发展广东各县及南洋各部之工会组织。北伐后，又加紧发展湖南、湖北、上海、河南之工会组织，及迁鄂后，又陆续发展江西、安徽各地之工会组织，组织的工人之增加，有惊人的进步。"

关于工会组织问题之议决案共十二项，其中提出："关于手工业工会和店员工会的组织问题，要在第四次大会特别注意。""职工运动已由经济的斗争进入到政治的斗争了，所以对于工人武装问题，应特别注意。"

关于童工女工之议决案共十三项，其中提出："在中国工人中童工女工占大多数，所以要特别注意"，"应为童工女工设立俱乐部"，"要解除童工女工的种种痛苦"。

关于失业问题之议决案内分三案：甲、保障失业工人决议案共七项；乙、救济失业工人决议案共五项；丙、安插失业工人决议案共三项。

（《东北日报》，1948 年 7 月 29 日，第三版）

中国六次劳动大会简述（节录）

第四次全国劳动大会，原定于“五一”节在汉口举行，后因准备不及，交通阻隔，一直到六月十九日才正式在汉口开幕，于六月二十八日闭幕。到会代表由三百五十六人至四百二十人，在这次大会上坚决地反对了蒋介石的叛变，并号召全国工人援助当时在南方各省蓬勃开展的农民运动，继续深入展开革命斗争。

（《苏北日报》，1949 年 5 月 1 日，第 2 版）

附录

正义的怒吼

张金保

1927年，正当全国革命运动蓬勃发展的时候，以蒋介石为首的大资产阶级却叛变了革命，4月12日对上海革命工人和共产党员施行了血腥的大屠杀，继而又在全国范围残杀革命工人和共产党员，摧残工人运动。但是，在中国共产党领导下的中国工人阶级，并没有被大资产阶级的镇压所吓倒，正如毛主席所说的：“他们从地下爬起来，揩干净身上的血迹，掩埋好同伴的尸首，又继续战斗了。”

当时，摆在中国工人阶级面前的任务是：工人阶级必须和农民、小资产阶级结成革命联盟，镇压大资产阶级的叛变，夺取整个政治的领导权，领导人民渡过暂时的困难，争取革命的胜利。第四次全国劳动大会就是在这种情势下召开的。它号召全国工人起来，在中国共产党的英明领导下，为完成这个新的革命任务而奋斗。大会原定于“五一”劳动节在武汉召开，因为太平洋劳动会议也同一天要在武汉举行，所以就改期在5月30日开幕。后来又因为筹备工作没有按期完成，远道来的代表因受交通阻隔也没有如期到达，一直延期到6月19日才正式开幕。

大会会场设在汉口民众乐园，那时叫“血花世界”。会场里挂满了各机关团体赠送的红色锦旗，显得很是灿烂壮丽。出席这次大会的各地工会代表共有 400 多人，代表全国有组织的各业工人 290 多万。我原先是武汉日本泰安纱厂的女工，入党以后就在该厂做工会工作；不久党又把我调到武昌裕华纱厂去当党的驻厂特派员。北伐革命军收复武汉的时候，我担任女工武装纠察队的大队长，还参加了武汉工人收回英、日租界的斗争。这次劳动大会，我参加了湖北省工人代表团，前往出席。

大会从 6 月 19 日开始，到 29 日结束，共开了十天。代表们在会上的发言，都十分热烈。我印象最深的就是上海工人代表龙大道同志关于上海三次武装起义经过的发言。他说，上海工人在周恩来、赵世炎等同志的领导下，起来赶跑了军阀孙传芳，使北伐军在上海垂手取得了胜利。但是，后来蒋介石叛变革命的时候，却大肆屠杀工人，这种血海深仇我们是永远不能忘记的。代表们听了，都愤怒地站起来，一致激昂慷慨地高呼“打倒背叛革命的蒋介石！”等口号，会场空气顿时显得异常紧张。在 21 日上午第三次大会上，代表们还一致提出来要反对反革命的白色恐怖及欺骗工人的改良主义，并且一致严厉的表示反对帝国主义出兵武力干涉中国革命及向苏联进攻。

在会议期间，我们听了赤色职工国际委员长洛佐夫斯基同志关于世界职工运动的报告，经过全体代表的讨论，完全接受了他的团结国际工人阶级同大资产阶级坚决斗争的意见。我们还听了刘少奇同志所作的中华全国总工会会务报告。全体代表对于中华全国总工会过去一年多的工作表示非常满意。另外，我们全体代表还参加了武汉各界纪念六一一、六二三及追悼北伐阵亡将士与各地死难烈士的大会。

在大会期间，我一面参加开会，一面还要带领工人武装纠察队到街上去进行宣传活动。在北伐军到达武汉以后，因为蒋介石的叛变革命，物价波动，人心惶惶。因此，每当纠察队员在宣传中提到打倒新军阀蒋介石、停止战争、稳定物价的时候，群众都表示热烈的欢迎。可是，当时汪精卫的阴谋诡计已在开始暴露，武汉国民政府已开始背叛革命，所以我们的纠察队员竟然遭受了流氓和军官学校学生的殴打，并且驱散听众，强迫停止宣传。同时，由于陈独秀采取右倾机会主义的路线，对于汪精卫的反革命活动采取了投降主义，在这次劳动大会结束后，仅仅过了几天的时间，武汉工人纠察队的全部武装，甚至连儿童团使用的木棒，都缴给了汪精卫。最后汪精卫也同蒋介石一样，叛变了革命。在四一二上海大屠杀以后，仅仅过了三个月零三天的时间，7 月 15 日汪精卫又在武汉开始大肆屠杀革命工人和共产党员，使大革命终于失败了。从此，中国共产党和革命工人就不得不暂时转入地下斗争。

胡传鼎记

（《中国工人》，1957 年第 22 期，第 13–14 页）